产品战略

产品经理资质培养指导教材

产业转型升级与产品开发战略

INDUSTRIAL TRANSFORMATION, UPGRADING AND
PRODUCT DEVELOPMENT STRATEGY

张甲华 著

金盾出版社

JINDUN PUBLISHING HOUSE

产品战略规划

图书在版编目（CIP）数据

产业转型升级与产品开发战略 / 张甲华著. -- 北京：
金盾出版社，2025．7．--（产品战略规划丛书）.
ISBN 978-7-5186-1858-3

Ⅰ．F264；F273.2
中国国家版本馆 CIP 数据核字第 2025F5H845 号

产业转型升级与产品开发战略
（产品战略规划丛书）

张甲华　著

出版发行：金盾出版社	开　本：787mm×1092mm　1/16	
地　　址：北京市丰台区晓月中路 29 号	印　张：14.25	
邮政编码：100165	字　数：220 千字	
电　　话：（010）68276683	版　次：2025 年 7 月第 1 版	
（010）68214039	印　次：2025 年 7 月第 1 次印刷	
印刷装订：北京印刷集团有限责任公司	定　价：65.00 元	
经　　销：新华书店		

总　序

中国改革开放的 40 多年，是经济大发展的 40 多年，也是中国企业不断探索，学习国外先进产品和管理理念的 40 多年。走到现在，国外先进产品、技术几乎已经学得差不多了，随着中国的消费升级，那些只模仿而不进行产品创新的企业，找不到自己的发展方向，只能加入无休止的"内卷"。

管理只能提高效率，不能解决企业的生死，只有产品才决定企业生死。虽然中国学习国外的企业管理理论已有几十年，各大学的经济管理学院招生都比较火爆，开设 MBA（工商管理硕士）的大学越来越多，中国企业的管理水平也大大提升，但是在当前的产业转型升级和供给侧结构性改革中，很多职业经理人或企业老板仍感觉无能为力，甚至无从下手。

当前中国企业应该由管理时代向经营时代转变。企业家们应该有新一轮的思考：企业经营的本质是什么？应该是经营产品。企业经营从内容上可以分为对"人"的经营和对"产品"的经营，但企业家们长期对产品经营重视度不够。在学术层面产品经营也长期被弱化，研究普通员工的管理和客户营销的相关学术理论很多，特别是如何提升企业中高层的领导力和管理能力，而专门研究产品战略规划的相关理论和书籍则少得可怜。

如何解决企业当前产品竞争力不强、"内卷"严重的经营困惑呢？

笔者认为企业应该重视消费升级趋势和产业转型升级规律研究，基于新商业逻辑和产品价值体系，做好系统化的产品战略规划，实现产品的"好卖"并"卖好"，持续增强企业的生命力。

如何做好产品战略规划呢？

基于自身 15 年创业和 18 年管理咨询的经历，笔者反复思考企业如何进行产品战略规划，确保产品"好卖"并"卖好"，专注 6 年撰写了这套产品战略规划丛书：《需求洞察与产品定位》《极致产品打造与开发》《商业模式与数字营销》《产品价格战略》《品牌战略规划》《产品协同战略》《产业转型升级与产品开发战略》。

产品战略规划的本质是实现产品的"好卖"和"卖好"，主要包括以下内容。

"好卖"的产品应该同时具有产业前瞻性、良好的市场性、明确的价值定位和独特的产品精神。

（1）产业前瞻性是指企业应该遵循产业的发展规律和转型升级路径，规划设计企业的转型升级战略，并制定相应的产品开发战略，也就是企业的产品战略规划应该符合产业分化的发展规律。产品首先具有产业发展的前瞻性，才能为企业指明技术研究方向，才能引领消费者。其相应内容在产品战略规划丛书的《产业转型升级与产品开发战略》中阐述。

（2）良好的市场性是指产品首先解决的是市场上的真需求，其次是要有巨大的市场规模潜力、精确的产品定位和目标市场定位。其相应内容在产品战略规划丛书的《需求洞察与产品定位》中阐述。

（3）明确的价值定位是指产品设计基于新商业逻辑和产品价值模型理论，有明确的、独特的价值功能诉求和定位，具有良好的产品体验。其相应内容在产品战略规划丛书的《极致产品打造与开发》中阐述。

（4）独特的产品精神是指产品应该具有文化元素的灵魂，具有独特的产品精神和产品基因，指引产品不断迭代升级和传承。其相应内容在产品战略规划丛书的《极致产品打造与开发》中阐述。

产品要实现"卖好"应该做好产品的协同战略、价格战略、品牌战略和数字营销，使企业产品从各自为战走向集团军协同作战。

（1）协同战略是指构建产品之间科学、多功能的产品组合，规划好产品间的协同战略，制定好竞争产品的区隔策略，使企业各产品之间形成一个相互协同的有机系统，提升产品竞争力，实现产品"好卖"和"卖好"。其相应内容在产品战略规划丛书的《产品协同战略》中阐述。

（2）科学的价格战略是指根据产品协同战略利用消费心理效应采取多样化的价格管理技巧和策略，科学利用价格战，提高产品的吸引力。制定产品价格战略是一个系统性工程，定价不是价格管理的结束，而是价格管理的开始。其相应内容在产品战略规划丛书的《产品价格战略》中阐述。

（3）良好的品牌战略为产品注入燃烧的激情，赋予内在精神，点燃人们的内心。企业应紧扣时代脉搏，以全新视角规划品牌战略，系统构建企业的品牌战略框架，并做好品牌打造、品牌传播、品牌体验和品牌升级，打造一个具有强大影响力和竞争力的品牌。其相应内容在产品战略规划丛书的《品牌战略规划》中阐述。

（4）数字化销售预警体系是指为了保证产品战略规划策略落地并实现预期目标，既要采用 $APPEALS 模型和 FFAB 模型深刻挖掘产品卖点，也要像火箭飞行过程中的预警和时刻调整一样，采用大数据、数字化等新技术科学预测、设计、监控并调整产品的成长轨迹，保证产品良性成长和战略目标实现。其相应内容在产品战略规划丛书的《商业模式与数字营销》中阐述。

本套产品战略规划丛书旨在阐明：要想解决企业长久的健康发展问题，出路在于重视产品经营并做好产品战略规划；从产业分化规律和洞察真实需求出发，结合产品价值理论和产品定位打造极致产品，科学规划产品协同战略，做好价格战略和品牌战略，利用数字化新技术时刻监控并及时优化营销策略，实现产品"好卖"并"卖好"，确保企业可持续、高质量发展。本套产品战略规划丛书是产品经理职业技能的核心内容，可作为产品经理资质培养指导教材。

2024 年 9 月，笔者参与起草了《产品经理资质等级与认定团体标准》（已于 2025 年 1 月发布），已授权作为本丛书的附录，详细内容参见《产业转型升级与产品开发战略》附录。

张甲华

2024 年 11 月

前　言

　　产业转型升级是现代产业和经济发展的主题。企业的转型升级与新产品开发战略要按照产业的转型升级路径和产业发展规律进行规划。笔者2023年在一家上市公司进行产品战略规划培训时，感到震惊的是企业领导层没有基于产业发展规律思考企业转型升级和产品开发战略的意识。一些企业的产品开发与产业的发展规律、发展阶段不匹配，使其发展战略执行效果大打折扣，一般存在以下5种情况。

　　（1）新产品与原有产品的关系不清。没有一体化或系统化的产品线体系规划，遇到好机会就迫不及待踏入新的产品线或开发新产品，没有与原有产品线或产品形成协同作战能力，也就是很多新产品研发初期的"方向"就不正确。

　　（2）企业产品开发战略没有与产业长期发展趋势（例如产业分化规律）相一致。企业没有系统化的产品线规划，更没有与产业成长地图相结合，造成新产品与市场需求脱节，产品生命力不强。

　　（3）企业没有产品结构体系和产品组合战略。企业虽然有很多产品，但产品各自为战，没有形成良好的产品组合，更没有形成集团化协同作战能力，甚至自己的多个产品之间就是竞争关系。另外，企业产品之间没有进行互补关系与竞争关系的评估分类，具有互补关系的产品没有进行科学合理的组合运作形成协同效应；具有竞争关系的产品也没有进行有效的区隔，产品相互打架，形成内耗。

　　（4）没有科学的新产品开发评估标准。多数公司都有产品线，甚至有产品线规划，但是因为没有科学的、健康的、合理的新产品开发标准，新产品或新业务投入资源分配不合理，最终导致整个公司资金链断裂。这就是产品线之间、新产品之间与原有产品之间的资源投入分配不合理导致的。

（5）企业的发展节奏把握不好。现在出现问题的企业越来越多，实际就是因为没有把握好产品的开发节奏和投入节奏，一个产品或产品线就像一个孩子，虽然潜质很好，但成长是需要时间的，按规律合理投入资源才能成长为栋梁之材，才能产生现金流。因此，把控新业务和新产品的发展节奏也很重要。

综上所述，产品开发战略既要保证新产品发展方向正确，也要保证发展节奏正确。

目前，随着我国产业的转型升级和供给侧结构性改革推进，企业如何转型？产品如何升级？企业如何随着产业转型升级的指南针进行产品开发？企业如何既保证发展方向正确，又保证发展节奏正确，实现高质量发展？

随着竞争对手的增加、竞争的不断升级，很多企业已经找不到更多的办法来破解企业销售受阻和发展停滞，营销方面投入不断增加而利润却在不断下降的困境。企业管理从流行战略到执行再到强调细节，许多企业在激烈的竞争态势下对选择什么方向突破依旧迷茫。事实上，在当前的社会经济环境和市场竞争态势下，企业竞争力已经不能靠单一手段获得了，而需要建立系统、立体化的产品线组合才能帮助企业形成集团军协同作战竞争力。其中，产品力是企业竞争力系统的原点和关键基础，而产品线规划又是打造未来产品力的基本环节。

经过系统思考并试图解决以上问题，笔者撰写了《产业转型升级与产品开发战略》一书，以期完善产品战略规划体系。

产业转型升级是产品开发战略的基础和指挥棒。产品开发战略是企业基于产业发展和分化规律对其所生产与经营的产品进行的全局性谋划，是企业经营战略的重要基础。

产品开发战略解决的问题是向市场提供什么产品，如何通过产品更大程度地满足客户需要，如何有效进行产品组合形成集团军协同作战能力，如何进行产品价格锚定提高企业竞争能力。产品开发战略是否正确，直接关系企业的发展兴衰和生死存亡。

本书试图为企业发展提供以下 3 方面的措施和建议。

（1）研究产业转型升级的规律，指导相匹配的企业转型升级和产品升级，即根据产业发展和产品分化规律，寻找并选择产品未来的良好成长通道，提前布局与开发，保证产品发展方向正确。

（2）通过科学的产品分类和"721"原则，科学规划产品投资策略和比例，保证产品的发展节奏正确，促进企业的高质量发展。

（3）通过前瞻性规划产品线、产品系列和产品规格的产品矩阵体系，科学定位产品角色、产品组合和产品价格组合，科学设计互补关系产品的协同策略，规划竞争关系产品的区隔模式，帮助企业产品从各自为战走向集团军协同作战，形成合力，提升企业的系统竞争力。

本书分为三篇。

第一篇，产业转型升级。首先构建了产业成长模型，这是企业转型升级的路径和企业产品平台构建的基石；然后研究了产业发展规律和产业分化规律，它们是企业创新产品品类和产品线、构建产品体系的遵循；最后论述了企业如何利用产业价格带指导企业优先开发新产品，从而提高产品的适销度。

第二篇，企业转型升级。首先分析了企业基于产业成长规律进行转型升级的路径，然后分别论述了企业进入新产业和产品线拓展的两条转型路径：产品系列优化是企业升级路径，产品规格构建是产品升级路径。

第三篇，产品开发战略。首先阐述了企业产品体系构建框架、新产品开发战略的类型导向及其产品系列设计，以及产品代系规划方法。以上是为了解决新产品发展方向正确的问题。最后按照活力曲线的"721"原则分配资源，防范企业发展风险，确保发展节奏正确，保证企业快速、安全、稳健地发展。

张甲华

2024 年 11 月

目　录

第二篇　企业转型升级

第三篇　产品开发战略

第一篇
产业转型升级

产业转型升级是产品开发战略的指南针！

产业转型升级与企业产品开发战略是息息相关的，企业应该按照产业成长脉络和发展地图构建自己的产品体系架构和产品发展地图，并逐步完善其产品线、产品系列和产品规格，明确产品各自的功能角色定位，形成有战斗力的产品集团军。

第1章
产业转型升级与企业转型升级息息相关

产业转型升级是社会经济发展的必然趋势，企业的转型升级与产业的转型升级息息相关，企业的转型升级与产品线规划、产品系列升级、产品规格延伸、产品组合等都应该遵循产业转型升级的规律和产品分化轨迹。

⚙ 1.1 产业转型升级的内涵

转型升级包含两个方面，一是转型，二是升级。

1.1.1 转型

"转型"一词，最初应用在数学、医学和语言学领域，后延伸到社会学和经济学领域，指一种经济运行状态转向另一种经济运行状态。

"升级"，是指从较低的级别升到较高的级别。

产业转型升级是指随着需求结构（消费结构、消费层次和消费能力）与要素结构（新技术、新材料、新设备、新工艺）的变化，经济活动从低技术水平、低附加值环节向高技术水平、高附加值环节的全面提升，是一个长期动态演进的过程，通过产业体系新分化或新产业出现，拓展衍生出新产品线、新产品系列和新产品规格，满足新需求，推动社会进步。

所谓产业转型升级包含两层含义：产业转型和产业升级。

产业转型强调"转"，一般指从低附加值产业转向高附加值产业，从高污染、高能耗产业转向低污染、低能耗产业，从粗放型产业转向集约型产业，从旧产业转向新兴产业、融合产业。

"产业转型"主要是指发展模式、发展动力转换。发展模式转换，即由外延粗放型增长转向内涵集约型增长；发展动力转换，即由依靠资源、土地、资金等传统要素投入转向依靠知识创新、技术进步、高素质人才、高质量资本、产业大数据、管理创新等创新要素。

1.1.2 升级

"升级"，一般指由于新技术、新设备或新理论出现，实现产业链升级、产品功能升级、工艺技术升级、产业分化出现新产品等。

"产业升级"主要是指产业间升级和产业内升级。产业间升级包括新兴产业的崛起，还包括产业之间的融合与合作，例如信息技术与制造业的融合产生出智能制造、工业互联网等新兴产业；产业内升级，即通过工艺流程升级、产品升级、功能升级和链条升级等方式，推进产业基础高级化、产业链现代化。

1.1.3 产业转型升级的影响因素和动力机制

1. 市场需求是产业转型升级的直接拉动力

市场需求的形成和改变，直接对供给产品产生拉动，引发特定产业的兴衰变化或催生新的产业。

首先，市场需求的变化是产业转型的主要驱动力之一。当市场对某种产品或服务的需求发生变化时，企业需要调整自身以满足新的需求。例如，随着人们生活水平的提高和消费升级，绿色、环保、健康等方面的产品需求逐渐增加，而传统的高污染、高能耗产品需求则逐渐下降，因此许多企业转向研发和生产绿色、环保、健康的产品，推动产业向绿色发展。

其次，市场需求决定产业转型的方向。市场需求决定企业的发展方向，市场需求的变化也会决定产业转型的方向。当市场对某种产品或服务的需求增加时，企业会加大对这一产品或服务的研发和生产力度，产业也会向这一方向转型。例如，随着互联网的发展，人们对于便捷、高效、多样化的互联网服务的需求逐渐增加，因此许多传统企业转型为互联网企业，以满足人们的需求。

最后，市场需求影响产业转型的速度。市场需求对产业转型的速度也有着重要影响。当市场需求使得某种产品或服务的增长速度较快时,企业需要快速调整自身资源以满足需求,加速产业转型。例如,随着新能源汽车需求的增长,传统燃油汽车企业在市场压力下,加快了向新能源汽车的转型速度。

2. 知识、技术创新是产业转型升级的推动力

新的知识、技术进步会创造出新的产品线和产品系列的供应,也能催生出新的需求,加速产业新形态的形成和演变;同时新知识、新技术能够促使传统产业变革,导致产业结构和增长模式发生改变。

通过科技创新企业可以在同等劳动力的条件下,生产出更多的产品,大幅提高劳动生产率,从而推动经济更快增长。例如互联网的普及和电子商务的发展,使很多传统产业实现了从线下到线上的转型,极大地提高了劳动生产率。

3. 生产要素的拥有和配置是产业转型升级的重要基础

生产要素包括数据、劳动力、资本、自然资源、技术等。生产要素的投入是当前产业发展和经济增长的必要条件,不同的生产要素投入将直接影响产业结构变动和企业转型升级的方式。

4. 政府产业治理政策是产业转型升级的外部保障

政府通过改善体制机制、制定战略规划及产业政策等手段,对资源在产业内及产业间的配置流向进行干预,以弥补市场机制的不足,提高要素配置效率、降低企业生产交易成本。

5. 企业是产业转型升级的主体

企业既是产业转型升级的主体,也是转型升级的关键所在。没有企业群体的转型升级,整个经济发展方式转变就无从谈起。推动企业转型升级,关键是要加强技术创新、管理创新、机制创新和商业模式创新。特别是富有创新精神的企业家,会结合产业成长模型、规律和产业成长地图,制定企业产品开发战略并影响产品研发方向,从而增强产业竞争力。因此,要充分发挥企业家的引领带动作用,塑造创新的机制和文化,营造出"鼓励创新、宽容失败、尊重人才"的创新氛围和环境,不断组织实施创新活动,促进产业的转型升级。

在产业转型升级中,企业实质上是推进者、承载者、受益者和引领者。

企业在生产经营过程中只有不断转型，往高附加值区域移动，提高产业价值链位置，才能获得更好的经营绩效，实现可持续发展。转型升级的最终结果可以是企业进入新的产业，也可以是原有主业的升级，将生产流程从低技术水平转向高技术含量的区域，提升企业在价值链上的位置。

1.2 产业转型升级

产业转型升级分为产业转型和产品升级两部分内容，其含义不同。

1.2.1 产业转型

产业转型一般包括新产业出现、产业链拓展、产业分化，产业由低技术向中高技术转变。

产业转型的驱动因素主要是新技术的出现或产业模式创新，迎合市场细分需求的分化出现新产品种类或新产品线，产生新的功能，形成新产业。

新兴产业培育的方式主要有分化型新兴产业、融合型新兴产业和孵化型新兴产业 3 种类型。

1. 分化型新兴产业

新产业都是从母产业中细分、分化出来的，分化型新兴产业是指随着服务经济不断深入和社会分工逐步细化，将研发服务、工业设计等科技服务部分从传统制造业生产部门或科研院所等事业性社会组织中独立出来，形成市场化独立的科技服务机构。例如高铁产业就是随着通信信号技术的发展，高速铁路系统从普通铁路运输中分化出来，形成高铁产业。

2. 融合型新兴产业

融合型新兴产业是通过技术、商业模式创新，从而实现产业融合跨界催生新业态，主要是产业链与创新链之间相互融合的结果。新兴产业本质是科技服务业与高技术制造业的互动发展，不仅体现在科技服务对高技术产业的技术性支撑作用，而且更体现于满足技术制造业发展所需要的业态创新和商业模式创新。当前，科技服务业与高新技术产业相互融合，发挥科技服务业平台服务功能，以科技创新服务体系为依托，促进高新技术与传统制造业高效互动，通过嫁接、融合等方式衍生新兴产业，发展成为兼顾技术创新与产业融合的新兴产业。推进产业融合就是借助产品创新、技术创新、商业模式创新、管理模式创新和业态创新等，为新兴产业发展拓展空间，为传统产业发展提供契机。例如景观农业、旅游农业、观光农业、有机农业等都属于融合型新兴产业。

3. 孵化型新兴产业

新技术或新材料的出现形成新的产业，如新能源汽车产业，这类产业主要来自科技服务业的创业孵化功能。创业孵化器在国外已有较长的发展历史，随着互联网经济不断深入，创业孵化功能已经成为科技服务业的重要功能之一。科技型企业的孵化规模不断扩大，孵化模式日渐成熟，培育出来的"瞪羚""独角兽"企业已经成为推进互联网经济发展的引领性企业。

1.2.2 产业升级

产业升级一般既包括产业结构更加丰富，新技术和新材料导致分化出新产品系列、新产品规格升级或产品的迭代升级；又包括新技术（如数字化、智能机器人等）应用导致的生产效率升级，例如管理创新（如福特生产线）导致的产业生产效率大幅度提升。

产业升级还包括产生新的产品线，例如汽车产业的乘用车根据市场需求进一步细分，产业分化出突出越野功能的新产品——越野车，并且产品系列不断进一步分化为轻型越野车、中型越野车、大型越野车和全尺寸越野车。

产业升级模式一般有以下4种。

1. 产业要素高级化的转型升级模式

随着社会生产投入要素价格日趋上涨，资源比较优势从土地、劳动力、自然资源等低端要素发展到资本、技术、数据、高智力劳动力等高端要素。要素禀赋的动态转化促使新兴产业不断涌现，要素成本高、产品附加值低的衰退产业不断被淘汰，由新技术、新材料的出现推动企业不断升级，导致产业结构重塑，实现产业升级。

例如，随着中国设计人员能力提升、对知识产权的保护加强，服装产业从加工制造向设计产业链高附加值环节转变，造成服装产业的升级。再如，

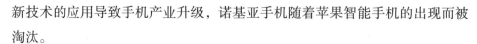

新技术的应用导致手机产业升级，诺基亚手机随着苹果智能手机的出现而被淘汰。

2. 产品升级模式

产业升级主要表现为产品升级和由于新技术应用出现新产品。产品的迭代升级也属于产业升级，一般更多的是产品线、产品系列和产品规格的升级，向高端化、高技术含量、满足高层次需求方向发展，即特定产业内企业沿着某产品系列的攀升，从低质量、低附加值、低技术含量的产品转向生产高质量、高附加值、高技术含量的产品，产品从使用价值向性能价值、功能价值和精神价值层次逐步升高。伴随资源要素紧缺、环保压力加大、低技术劳动力短缺等现象频发，知识、技术、高智力劳动力的可获得性增强，相对成本变低，市场会主动将现有产品进行迭代升级。迭代升级的路径重点依托对现有产品的深度加工，推动产品从低附加值逐步转向高附加值，从而实现产业升级。随着市场购买力提升，需求层次的升级对产品价值的需要也在逐步升高，促使产品和产业升级。

新技术应用产生新产品也是影响产业升级的重要因素。例如新能源应用材料和技术应用促进了新能源汽车的发展，也导致了汽车产业的升级。

案例分享

　　某服装集团在纺织业率先提出"舒适时尚"理念，通过引进国际先进的无痛针织技术，研发出更具舒适性和个性化的针织内衣。同时，该集团还注重在纺织机械方面进行技术创新，引进智能化的纺织机械，提高生产效率，减少劳动力成本。通过这些举措，某服装集团在纺织行业获得了竞争优势，同时也推动了服装产业的升级。

3. 价值链高端化的转型升级模式

随着要素资源的优化，在产业内部的"微笑曲线"价值链中，企业从生产环节中游的低附加值组装生产端，不断向上、下游价值链的研发和品牌营销等产业高价值链转化升级。在产业价值链中逐步形成向高附加价值的"微笑曲线"两端攀升的模式，有利于改变产业在生产价值链和国际分工体系中的位置。

例如，从单一的薄膜电容器设备生产起家，如今成为全球领先的锂电池装备龙头企业的江苏智能 A 公司，就是不断从低端制造向价值链高端化转型升级的企业典型。

2007 年，江苏智能 A 公司已成为国内电容器设备的龙头企业，市场占有率第一。尽管当时高端锂电池设备都被国外企业垄断，但江苏智能 A 公司凭借着在电容器卷绕机方面的技术积累，投入巨资用于研发，与进口锂电池设备的差距不断缩小。

2016 年，特斯拉的电池供应商来江苏智能 A 公司时，曾提出了一个几乎不可能完成的任务，要求制造的圆柱卷绕机每分钟能生产 30 个锂电池裸电芯，而他们自己的设备却只能做到每分钟 20 个左右。江苏智能 A 公司咬牙接下了这一艰巨任务，经过不断调试改进，终于达标，这是当时全球的最高效率。江苏智能 A 公司也在 2018 年成为特斯拉在中国的唯一电芯设备供应商。通过技术提升带来的核心竞争力让国产设备不用再走低价竞争的老路，从做单机设备发展到整线设备输出，江苏智能 A 公司着眼于不断向价值链高端化转型升级。

现在锂电池高端智能装备是核心主营业务，锂电池的制造过程烦琐，工艺复杂，江苏智能 A 公司深度研究电池制造工艺，打通了锂电池装备的各个生产工序，成为了全球唯一一家具备完整自主知识产权的锂电池整线解决服务商。

4. 产业分化导致新产品线出现

市场需求的多样化，导致市场进一步细分，产生新的产品线或新产品，实现产业的升级。根据市场需求进一步细分，产业分化出突出某一功能的新产品。例如，汽车产业从客车中分化出 MPV（Multi-Purpose Vehicle，多用途汽车）；从越野车中分化出城市 SUV（Sport Utility Vehicle，运动型多功能汽车）；从 MPV 产品线中分化出高端、豪华七座商务车产品线；从城市 SUV 开发多种形式的跨界 SUV 并出现新的物种——轿跑 SUV，如宝马汽车的 X6。

1.2.3　产业升级的路径

从产业升级的角度看，全球产业价值链的升级路径有 4 种，即产品升级、经济活动升级、部门内升级和部门间升级。与之对应的是4种产业升级模式：流程升级、产品升级、技术功能升级和跨产业升级。

1. 流程升级

流程升级是指通过重组生产系统或引进高技术以更有效地促进投入产出。例如当前如火如荼的工业数字化、智能化、网络化，就是利用数字化和智能化新技术在工业中广泛应用，提升工作流程、运输流程、管理流程，这些都属于产业升级。

2. 产品升级

产品升级是指由低层次的产品转向附加值更高的、更复杂的产品。例如中国家电企业从过去以高性价比产品切入中低端市场，到现在越来越多靠研发驱动，逐步进军中高端市场。中山某电器公司近两年推出窗口换气扇新系列，产品升级改用环保、省电的直流电机，目前在国际同类产品中销售靠前；同时，推出感应即停电吹风机，避免头发被卷，这两类产品获得了欧美众多连锁店2024年的新订单。

3. 技术功能升级

功能升级是指掌握链条中设计或营销等新的功能，更多地把握战略性价值环节。例如AITO问界系列升级，为用户带来七项功能更新升级，首先针对整车的驾乘体验进行深度优化，通过快速的扭矩控制和调整能够提前控制车辆处于更稳定的状态，无论经过颠簸、湿滑路面，还是在弯道中，都能具有更好的平顺感和稳定性，显著提升驾乘舒适性、安全性，同时有效降低晕车感。

4. 跨产业升级

跨产业升级则是指企业利用特定环节的竞争优势嵌入新的、附加值更高的产业。通常产业升级遵循由流程升级、产品升级、技术功能升级到跨产业升级的过程，体现了企业遵循要素禀赋变化而渐进的升级过程。

华为公司的发展历程就是不断跨产业升级的过程。我们可以发现华为从创立之初的通信设备到电脑、手机、智能家居、智能汽车等，从硬件走向软件的转型之路。在早期，华为主要聚焦在硬件配置领域，并且以代工生产为主导。但随着公司业务逐渐多元化发展，这种单一的模式就越来越难以适应时代的变化。这也导致了华为从2018年开始由原来"硬件设备＋通信"模式逐渐向"硬件设备＋软件＋贴心服务"转型升级。

现在，华为已经构建了比较完整的软件生态系统，通过这套系统，为消费者提供了很多服务和应用程序，包括"1+8+N"全场景智能生活生态体系下的智慧屏、智能音箱、笔记本电脑、平板电脑等。

随着新一代操作系统鸿蒙的推出，华为构建全场景智能生活的蓝图得以实现，从手机到智能家居、汽车、办公设备等，用户都可以享受到方便的智能生活。

⚙ 1.3　产业成长地图助推企业产品结构优化

企业的转型升级是企业高质量发展的必由之路，是企业多元化发展提升竞争力、提高抗风险能力的主要抓手，也是发展壮大形成集团的必然选择，因为随着技术进步，产业升级是适应社会发展、提高人们生活水平的必由之路。

企业产品结构是产业成长地图的一部分，所以，企业的转型升级遵循产业转型升级路径。例如汽车产业的产品线包括货车、客车、商务车、客货两用车（皮卡）、越野车、城市 SUV、轿车、轿跑车、跑车、建筑工程车、城市工程车、城市公交，以及其他功能汽车等。奔驰汽车公司根据自己的发展历程和技术优势，涵盖了货车、越野车、城市 SUV、客车、商务车、轿车、轿跑车等多个产品线；宝马汽车公司也是世界著名的汽车公司，其产品线少一些，主要包括轿车、城市 SUV、跑车等，没有货车、客车、商务车等常见汽车产品线。

因此，企业的转型升级要研究产业的成长地图，并伴随着产业的转型升级优化调整企业转型升级的方向、产品线、产品系列和产品规格。

案例分享

据美国《汽车新闻》2014年8月27日消息，梅赛德斯—奔驰计划改变命名战略，舍弃 M 级命名，代之以 GLE。2015年初改款的新车型将称为 GLE 级。奔驰内部人士称，舍弃 M 级只是奔驰改变车型命名战略的一部分。新命名的最后一个字母暗示车型的类别，比如 GLE 跟 E 级相关，GLA 则跟 A 级相关。GLK 级紧凑型 SUV 的继任车型将更名为 GLC 级，GL 级大型跨界车的继任车型将更名为 GLS 级。GLS 级的定位将高于现款 GL 级，并提供迈巴赫改装版本。

奔驰汽车通过此次的调整，优化并丰富了 SUV 产品体系的 5 个产品系列，即 GLA 属于紧凑型 SUV、GLB 属于紧凑型豪华 SUV、GLC 属于中型 SUV、GLE 属于中大型 SUV、GLS 属于大型 SUV，价格覆盖 28 万元到 180 多万元。

第2章
产业成长模型

产业转型升级是经济发展的必然选择和产业发展的必由之路。要研究产业转型升级的内容和路径，首先需要研究产业的成长规律和产业价值链等相关的内容，笔者经过多年研究，构建了产业成长模型，或称产业成长地图。

2.1 产业成长模型结构

产业成长模型包括要素供给侧、产业成长结构（代表产业发展结构的成熟度）和市场需求侧3部分，如图2-1所示。

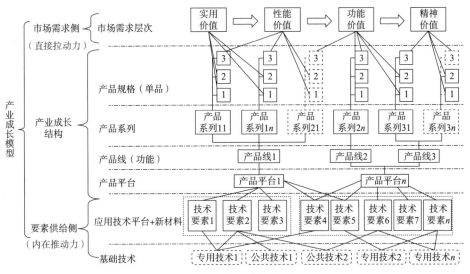

图 2-1　产业成长模型

我们把产业成长逻辑结构比喻成一棵"大树"，从产业树来进一步了解产业发展的产品平台、产品线、产品系列和产品规格的构成及所处的位置。

2.1.1 产业的"树根"是产业基础

产业的"树根"是产业成长模型的要素供给侧，包括基础技术和"应用技术平台＋新材料"两个层次，是产业发展的内在推动力。基础技术产业的最基础部分，可以划分为公共技术平台和专用技术平台，是产业成长的基础，直接影响产业发展层次，一般以高校或研究机构的研究成果为基础。产业成长模型的技术要素一般包括应用技术平台和新材料应用，形成产业发展的基础，一般是指产业研究院或本产业上游产业的产品。

2.1.2 产业的"树干"是核心

产业树地上部分的"树干"，就是产业成长结构，包括产品平台、产品线、产品系列和产品规格四个层次。

产业树的第一层是指产业成长结构中的产品平台部分，是系列产品所共用的基本组件及基本技术的集合体，为产品提供通用基础能力，为多产品线配套，在多产品线之间共享。例如当客户定制新型号产品A时，通过组装当前公司技术货架上的技术能够快速搭建满足客户高度定制化产品的需求，充分借用技术积累，减少重复设计，在满足客户定制化产品需求的同时，减少开发浪费，提高效率、降低成本。

产业树的第二层是指每个大的产品"树枝"，代表一条产品线，一般代表一类产品的功能，相当于我们平常说的品类。

产业树的第三层是指再往上的"中树枝"，即产品系列，提供给客户的具体产品（或子版本产品）。

产业树的第四层是指产业成长模型中的产品规格，包括基础版本、主推版本和提升版本的产品。

从产业成长模型自上往下看，多个"小树枝"是由一根"大树枝"延伸出来的，"大树枝"是一个产品系列的基本型产品，又称平台产品（或称主版本产品）；再往下是产品树的"树干"，也就是产品平台。一般而言，一条产品线由一个产品平台支撑，而一个产品平台可以支撑一条以上的多条产品线。

2.1.3 市场需求层次是产业发展方向

产业"大树"的成长空间部分是市场需求层次。市场需求层次和消费能力是产业成长的拉动力。市场需求层次引导产业成长，市场的功能需求分类和规模决定产业分化进展以及产业成长的成熟度，也就是产业的产品系列结构完整度。一般根据市场需求层次的进化，产业产品的发展从低端向高端不断分化发展。

◎ 2.2 产业产品地图构建

产业产品地图是指由产业成长模型中产业发展供给因素和产业当前的成长结构所组成的产业产品结构体系。它是企业根据自身资源规划新产品开发战略的基础，也是新产品开发战略的方向指引。

产业产品地图的构建分为建立产品成长地图的标准即划分产品类别标准、设计产品线、设计产品系列、设计产品规格 4 个步骤。

2.2.1 划分产品类别标准

产业类别划分标准其实非常多，例如功能、价格、外观、成分、形态。实际工作中，划分标准往往是多维度的：以功能和价格为主要标准划分产品线，以外观、成分、形态为次要标准进一步细化。比如护肤品是以价格和功能为标准划分产品线，每一个价格区间内都可以划分出抗老、美白、补水、解决特殊肌肤问题四大功能的产品线，在每一条产品线内，又可以根据外观、成分、形态再次细分。如此层层细分，就会形成复杂的多维度产品线。

为什么要以功能和价格为主要的划分标准呢？

功能是从消费者出发考虑的基本指标，价格则是最能反映竞争态势的指标。消费者首先是根据功能和价格在脑海中定位一个品类；其次才是在外观、成分、形态上区分产品。当然在成熟产业当中，后者的区分更明显，比如当前日用护肤产业，产品在功能和价格上几乎无法区分，只能在外观、成分、形态上进行进一步的区分。

2.2.2 设计产品线

到底一个产业内应该有几条产品线？这与产业的发展阶段息息相关，如果是一个新产业，处于产业发展初期，则产业产品线的种类就比较少；若处于产业发展的成长期，新产品线的出现比较频繁，产业产品线的变化也较快；当产业处于成熟期，产品线数量比较稳定，变化就比较缓慢了。

另外，不同产业的产品线差别也很大。对于那些市场规模很大、需求分布广的产业，产品线就可能多一些，而市场规模越小、需求越单一的产业，产品线就会越少。

对于某一个具体产业的产品地图的产品线设计，可根据第一步产品类别划分标准，把产业当前的产品进行全覆盖，画出产业当前的全产品线地图以及对应的细分市场，往往一个品类对应一个产品线。

例如大家熟悉的汽车产业，按照功能分为不同的产品线——越野车、货车、城市 SUV、客车、皮卡、小汽车、商务车等。

2.2.3 设计产品系列

产品是功能的载体。产品的系列化就是产品功能的复合化。产品功能具有以下特征。

（1）关联性：系列产品的功能之间具有因果关系和依存关系。

（2）独立性：系列产品中的某一个功能可独立发挥作用。

（3）组合性：系列产品中的不同功能相互匹配，产生更强的功能。

（4）互换性：系列产品中的功能可以互换，以体验产品不同的功能。

系列化产品设计是根据消费者不同的需求和偏好，将产品的主要参数和性能指标按照一定规律进行分类，合理地安排产品的品种、规格，并赋予产品特定的技术、结构、外形、色彩以及材料，以形成产品系列化的设计。

产品系列化设计是产业地图构建的关键环节。不同产业、不同产品线的产品系列化设计方法不同，这方面的内容将在第 13 章进行详细论述。

产品系列是构建企业产品金字塔的关键环节。一般按价格和品质层次进行分类，由低系列向高系列延伸，可简单分为低、中、高，一个产品线往往可分为 3~7 个系列，也可分别有一个名称。例如宝马轿车产品线的产品系列分为 1 系、3 系、5 系、7 系等，价格、品质、目标客户定位都不同。

2.2.4　设计产品规格

产品规格是指产品系列项下设计生产的不同配置产品，一般是在某个产品系列的价格区间进一步根据产品规格细分不同价格而设计的多种产品，也是为了形成价格锚定，明确主推型号。

产品规格的规划设计一般分为形象型、主推型和基本型，后续将在第 10 章详细论述。

以大家较为熟悉的汽车产业为例。

乘用车系列一般可分为轿车（豪华、高档、中档、低档）、越野车（轻型、中型、大型和全尺寸）、跑车（平民、豪华、超级等）、SUV（实用型、经济型、中高档、豪华、超豪华）、MPV（紧凑型、中型、中大型和大型）等；商用车分为卡车（重卡、中卡、轻卡）、客车（大型、中型、小型）、工程车（重型运输车辆、大型吊车、挖掘机、推土机、压路机、装载机）等；特种车分为消防车、救护车、警车、特种工程车等；新能源车分为电动汽车、混合动力汽车、燃料电池汽车等。

企业根据自己的发展战略和技术优势，结合产业发展地图，构建自己的产品发展地图。例如大家熟悉的奔驰汽车产品地图，涵盖大货车、越野车、SUV、客车、轿车、轿跑车、IE 电动车等，如图 2-2 所示。

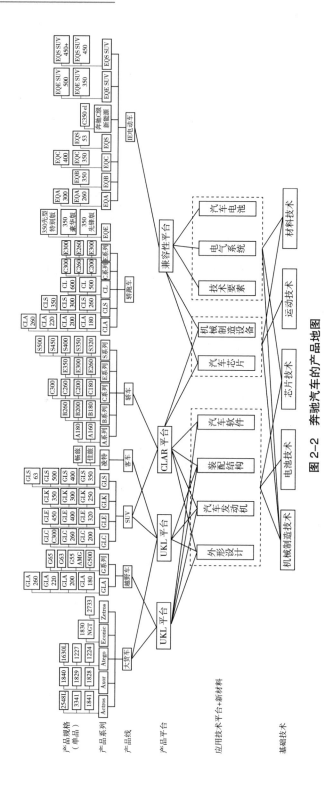

图 2-2　奔驰汽车的产品地图

2.3　产业成长模型特点

2.3.1　产业成长受技术制约

技术越先进、材料越高级，越能促进产业更快成长，快速达到产业的成熟期。因此，产业转型升级的关键是技术和新材料的发展程度。

案例分享

激光器的发明是 20 世纪科学技术的一项重大成就，标志着人类对光的认识和利用达到了新的水平。1916 年爱因斯坦发表了《关于辐射的量子理论》，对能态之间的跃迁方式给出了实际的认识，提出了三种辐射，即自发辐射、受吸收辐射和受激辐射，其中受激辐射是个新概念。随后，在第二次世界大战中大批物理学家参加了微波技术的研究及发展工作，并与光谱学和微波电子学结合起来，开创了微波波谱学。随着微波波谱学的发展，分子和原子微波波谱的发现、粒子反转的概念发展，以及利用受激辐射实现相干放大等问题逐渐成为微波波谱学家们研究的重点，从而导致了 1954 年世界上第一台微波激射器的问世，从理论、技术和人才等方面为激光器的问世准备了条件。1960 年第一台红宝石激光器及氦氖激光器诞生后，人们根据激光的一系列优异特性——高单色性、高方向性、高相干性和高亮度，设想了激光的种种应用前景，吸引了来自政府和企业等各方面的投资，大批研究开发人员转入这一领域，激光理论、器件和技术的研究与发展愈发迅速。激光技术推动了材料加工、医疗、通信、武器、全息照相、同位素分离和计量基准等领域的巨大发展。

2.3.2　产业发展遵循产业分化规律

随着新技术、新材料和新设备的发展与应用，产业大树更加枝繁叶茂，产业发展也更加健康。产业的产品线、产品系列和产品规格更多，产业就会适应更广、更高层次的市场需求，产业的成熟度也就更高。因此，产业升级主要是随着新技术、新材料的发展分化出更多的产品线、产品系列和产品规格，从而出现更高价值、更高层次的产品，以适应市场对功能价值和精神价值的更广需求。例如由于新技术出现，苹果公司开创并不断分化出更高价值和价格的手机，触摸屏新材料的出现也使得无键盘智能手机应运而生。

2.3.3　市场需求拉动产业发展

如果说技术的"树根"是产业发展的推动力，那么市场需求层次的提升和规模的增大则是产业发展的拉动力。市场需求促使企业研发更高价值层次的产品以满足人们对美好生活的需求，从而提升了企业竞争力。所以，产业的转型升级要适应市场需求层次的变化。

案例分享

汽车产业的成长历程就是随着技术和材料的发展、管理创新的进步、市场多样化的需求而不断分化、完善、成长的过程。

20世纪80年代，克莱斯勒新任总裁李·艾柯卡为了拯救克莱斯勒并重启其辉煌，调研发现，经济、社会活动发展及家庭人口构成变化对汽车的乘坐人数和舒适度提出新的要求，而当时的厢型车都是以运货为主，不再适应形势发展。克莱斯勒抓住了市场需求开发了一款新的家用厢型车，并于1983年11月推出了世界上首款规模化量产的承载式车身家用厢型车。由于满足了需求、迎合了市场，家用厢型车一经上市便获得了巨大的成功，拯救了濒临破产的克莱斯勒。

在欧洲，雷诺公司于1984年推出了类似的车型，称之为MPV。从此，全球汽车市场多了一个汽车新品类。

20世纪90年代，福特公司经过市场调研，发现人们喜欢越野、硬派吉普，但没有一款城市型的、兼越野功能、多用途的吉普车型。为此，福特公司抓住了市场需求，以其越野车Bronco Ⅱ为基础，于1990年3月推出了全球第一款规模化量产的城市型的、兼越野功能、多用途的非承载车身吉普车型——探险者 SUV。重新定义了 SUV 的福特探险者，一经推出就引爆了城市 SUV 市场，引领了城市 SUV 的潮流，也引领了世界 SUV 的潮流，使 SUV 从小众车型成为大众车型，并逐渐主导市场，开启了全球 SUV 大趋势的 30 年。目前，福特探险者作为中大型 SUV，全球累计销量已经突破 800 万辆，30 年里平均年销量约 27 万辆，创造了世界纪录，成为美国及全球最畅销的中大型 SUV。

同样，在 20 世纪 90 年代中期，由于 MPV 经常被家庭主妇用来搭载孩子们参加各种课外活动及旅游等，福特公司看到了新的市场需求，即市场需要更时尚、更安全的商务型 MPV。为此，福特公司于 1994 年推出了全球首款具有现代创新造型风格、5 星级碰撞标准的商务高端型 MPV——Windstar。从此，福特 Windstar 开启了新一代的 MPV 潮流，并为全球 MPV 所借鉴。通用公司于 1996 年推出了雪佛兰 Venture（后来称为别克 GL8），克莱斯勒公司于 1996 年也推出了类似造型的新款普利茅斯捷龙以及道奇凯领。

20 世纪末，丰田雷克萨斯公司看到了另一个细分市场需求，一个高端豪华客户的细分市场需求，即更加轿车化的 SUV，并于 1997 年推出了全球第一款更加轿车化的 SUV，称作 SLV（Sport Luxury Vehicle，运动型豪华汽车）。2007 年宝马公司推出其第一款跨界、溜背、掀背式 X6，引发了更多的汽车企业开发多种形式的跨界 SUV 并出现新的品类。

因此，产业发展的过程就是根据市场需求进一步细分，产品系列不断分化，产生新功能产品品类的过程。

第3章
产业发展规律

在新产业形成或产业拓展过程中，各个产业的发展实际上都是从单一产业发展为复合产业，由低层次向高层次，由简单系统向复杂系统演进的过程。对一个产业进行深入研究，必须细化到该产业的构成和演变规律。

3.1 产业发展阶段

任何一个产业都具备如图 3-1 所示的发展阶段。

图 3-1 产业发展阶段

3.1.1 技术时代

产业刚刚发展时，整个产业中谁拥有核心技术，能完成产品的开发，谁就是产业中的巨头。在产业的技术时代，先行企业可以不在乎市场的反馈，拥有相当高的定价权，此时企业的竞争壁垒就是企业所拥有的先进技术，一切以技术攻关为主。

例如当下的英特尔等芯片巨头，对中国市场来说，它们几乎垄断了民用电脑的高端芯片行业。在这一细分领域，英特尔可以任性地以挤牙膏式更新来割韭菜，而消费者除了掏钱别无他法，其实质就是技术的垄断。再如智能手机的开拓者——苹果手机在刚刚进入市场时也是这样。

因此，在众多产业演变的影响因素中，技术是最重要的。产业系统的形成和演变是有规律的。任何产业系统的形成和演变既有目的性，又有盲目性；既有有序性，又有无序性。

3.1.2　产品时代

任何技术的垄断都是不可能永久的，当其他企业通过自身努力、不断投入研发或创新也掌握了该技术时，整个产业市场就进入了产品为王的时代。此时大家比拼的除了技术外就是产品对用户需求的满足程度、用户的体验、用户的满意度与口碑了。

以热水壶产业为例，建国初期能够制造热水壶的企业中，只有少数几家能生产内胆，因此整个产业中这几家是绝对的龙头企业。虽然当时的产品保温时间不长、颜色单一、造型单调，但依旧供不应求。随着越来越多的企业掌握了热水壶内胆的生产技术，市场中涌出了各种品牌的热水壶。此时的消费者有了更多的选择，市场对产品也有了新的要求。

产品品类分化是产品时代的重要特点，市场规模不断扩大，价格也越来越低，需求分化。比如热水壶保温时间要长，容量要大，要好拿、美观。此时各家企业的热水壶产品比拼的就是产品的多样化、用户体验与差异化，谁能准确把握市场用户对热水壶的痛点，谁就能拥有市场。

3.1.3　市场时代

在全产业不断努力使得市场上的产品差异化越来越小后，也就进入了产业发展的第三个阶段——市场时代。此时各个企业比拼的是运营与销售能力，谁能铺货到更多渠道，运作品牌让更多消费者熟知，拿下更多订单，谁就能成为市场的巨头。

市场时代的特征是强大的上下游议价能力。在这一阶段，当你和这些企业谈合作时，无论你介绍了什么，对方说的永远都是自己下游的分销量是多少。

3.1.4　产业分化与升级

进入市场时代也是进入产业本轮发展的最后一个环节。随着市场规模的扩大，消费者的需要出现多样化；随着新技术的诞生，开始产业分化和升级。随后产业进入新一轮的从技术研发到产品，再到市场渠道比拼的发展循环。

案例分享

由于技术的进步，手机从以往的功能机到现在的智能手机，功能覆盖变得越来越全面。在过去，界面简单、操作直观的功能机主要用于通信，如打电话、发短信等，功能相对有限，无法满足现代人对更多功能的需求。

随着技术的进步，手机逐渐过渡到半智能时代，开始引入一些增强功能，如摄像头、音乐播放器、基本游戏等。

在智能操作系统新技术出现后，真正迎来智能机，使得用户可以安装各种应用程序，从社交媒体到办公工具等。智能手机还引入了触摸屏和更直观的用户界面，提供更丰富的互动体验。此外，智能手机集成了更强大的硬件，如高像素的摄像头、传感器以及更快的处理器等，这些加强使得手机能够执行复杂的任务，如拍摄高质量照片、播放高清视频和运行各种应用程序。

智能手机的功能覆盖不断扩展，可以用于多种用途，如社交媒体交流、娱乐、工作、导航、支付等；还支持各种传感器技术，如指纹识别、人脸识别等，具有更高的安全性和便利性。

3.2 产业生命周期规律

每个产业的发展都有一定的阶段性。如同产品有寿命周期一样，产业也有自己的生命周期，如图 3-2 所示。

产业生命周期是一个产业从萌芽、成长、成熟到衰退或升级的过程。其中萌芽期属于产业发展初期，充满不确定性；成长期的企业学习速度快，冒险与弹性会带来相当的回报；成熟期的价格与利润均下降，竞争加剧，优胜劣汰，适者生存。

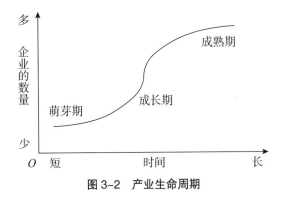

图 3-2　产业生命周期

　　产业系统总是朝着一定的方向和趋势演变，并与人类客观需要的变化方向和产业间联系相适应，从而就有可能探讨其发展变化的规律以及预测其演变的趋势。

　　产业演变具有不以人的意志为转移的自发性，尤其在萌芽和形成时期具有不可预知性。人类必须承认自身活动能力的局限，承认人类经济需要和产业演变的可变性，这样才不会不顾及客观规律强制干预产业的产生、发展和衰落过程。

　　另外，产业经济寿命是客观存在的。如果某种产业不再为社会经济所需要，所依赖的资源近于枯竭，或由于新的技术革命和大量新产品群的出现使原有的系列产品完全过时，则会惨遭淘汰。

　　产业的存在总是以一种或几种主要产品作为标志，在产品经济条件下，一种主要产品的市场寿命与产业的经济寿命基本上是呈对应关系的。例如当电报、电话出现于市场之时，意味着电信产业的开始，但随着新技术、新设备的不断创新和应用，电话越来越普及，打电话的价格也在不断降低，电报这个产品便遭到淘汰。

　　一个产业不可能只生产一种产品，而往往是生产几大类产品，并且每个大类产品又不断分化成多个产品系列，每个产品系列又分为多个产品规格。因此，某种产品的市场寿命的终结或开始并不意味着产业经济寿命的终结或开始。世界上许多国家每年都禁止生产和淘汰一批过时的产品，但并没影响到各个产业的生存。比如钟表产业，现在普通机械表正处于淘汰时期，式样和功能不断翻新的机械表、电子表、智能电子表先后问世，这样钟表产业就包含着不同产品线、产品系列、产品规格，每个细分产品的市场生命周期也都不一样。

产业经济寿命和产品的市场生命周期都大致可分为4个阶段，二者在各阶段的某些特点也有类似之处。产品市场生命周期的阶段可划分为投入期、成长期、成熟期和衰退期；而产业经济寿命的阶段可划分为萌芽期、成长或品类分化期、强盛期、衰退期或转型升级期。二者存在时间的长短有所不同。一般情况下，产品市场生命周期比整个产业的产品经济生命周期要短得多。一个产业往往包含着许多同类的产品，其中某一种产品被淘汰了，其他产品还继续存在，甚至不断创新、迭代升级，从而使该产业继续存在和发展。多数产品的淘汰都发生在饱和期，越是市场竞争激烈的产品，其生命周期可能越短。产业的不同发展阶段往往有不同的特征，产业的不同发展阶段对企业的产品开发战略具有不同的指导作用。

3.2.1　产业萌芽期

产业萌芽的主要标志有两个：一是有一种全新的产品出现，而这种产品又具有广阔的发展前景和庞大的市场潜力；二是有独立从事此种产品生产的厂家出现。只有当两个条件同时具备才意味着一种新兴产业正在萌芽。

产业在萌芽期主要有以下特点：产品品类单一；生产厂家只有一个或几个；产品销路不广；成本高，收益少，产量小；对原有产业在资源、管理等方面有很大的依附关系，没有形成独立的生产体系；产品和技术不成熟；产品自身还处于改进和完善之中。初始产品的成本和价格一般都会很高，但成本会迅速下降。

市场几乎是一片空白，可选择的方向很多，大家对于可以做出什么样的产品，什么是好产品，没有太多的认知。顾客缺乏对产品的了解和必要的产品知识。竞争规则不确定或正在形成，企业的产品和产品类型具有裂变现象。

一般来说，每一个产业都有一个萌芽过程，即新产业最初总是寄生于相关的旧产业"母体"之中，例如新兴的电子计算机产业，最初就生存于机械制造业之中。在寄生的岁月中，新产业从旧产业中吸取技术、劳动力、资金、原料、固定资产等，逐渐使自己发育成长，而后与母体产业相分离，成为一个独立的产业。

在产业的萌芽阶段，由于新技术刚刚诞生或初建不久，只有为数不多的公司投资于这个新兴的产品。由于初创阶段产业的创立投资和产品的研究、开发费用较高，而产品市场需求狭小，销售收入较低，公司可能没有盈利。新产业中各企业都在以技术攻关为第一发展目标，以主流群体为核心进行运营。新产业刚刚形成时，一般总的生产规模不是很大，在国民经济中的比重较小，自身的产品品种和门类不够齐全，生产的独立性差，对原有产业的依赖性较强。

3.2.2　产业成长期或品类分化期

在产业成长或分化阶段，大多数企业的产品框架搭建基本完成，各大企业都在努力优化产品的核心功能与整体体验，并努力寻找每个场景下该功能的最优解，不断吸引用户。

产业的发育成长过程具有如下特点：新产业从不完善、不成熟逐渐走向成熟；大批企业转型加入该产业，大批投资者开始涌入该产业，从而使该产业的规模迅速膨胀，在产量上呈加速增长趋势；随着客户的增加和市场规模的增大，产品品类加大分化，产品细分越来越细，不同功能或性能、类型的产品不断涌现。

这对企业高层管理者的启示是，产业的成长阶段是企业新产品开发的最好时期，应该按照产业的分化规律制定企业的新产品开发战略。这也是企业转型升级的最好时期，如果企业按照产业分化规律结合自己的资源优势进行与产业升级相匹配的升级，其产品与产业的适销度就会较高，产品会更迎合市场需求而发展壮大起来。

产业成长阶段主要特征为市场不断细分，产品品类不断分化。产业成长阶段是一个产品驱动的时代，产业内产品和种类越来越多，产品有更好的用户体验，能更好地满足需求，往往成为取胜的关键。好的产品供不应求，完全成为卖方市场。产业标志性产品出现，围绕着标志性产品，整个产业的规范也逐渐建立起来，从而有了标准化的流程和方法论。

因此,产业成长阶段是用户导向的,企业会向纵深发展,将最新技术应用到各消费群体,为各个细分用户群体进行量身定制开发新产品,实现企业的转型升级。

3.2.3　产业强盛期

在产业强盛期,产业自身的发展规模已相当庞大,在国民经济中所占的比重和所起的作用都有较大幅度的提升,因而呈现出一片欣欣向荣的景象。

产业进入强盛期的判定标准是该产业的大型骨干企业已经建成,各主体件和主要的零部件已经自己生产,独立的生产体系已基本建成;至于产业强盛期的结束则以产品产量停止增长为主要标志。

在产业强盛期内,产业发展一般具有如下特点:需求和生产能力趋于平稳,企业数量基本固定,产品和技术成熟,产品标准化已经完成,工艺的改进日益重要,竞争的规则基本明确,经验曲线降至很低的水平,市场渗透策略成为重要的竞争策略。

整个产业的再生产基本上开始在重复的规模上进行,同时单个企业的生产已开始从外延的再生产转向内涵的再生产,主要产品的产量增长幅度变得平缓稳定,产量增长率急剧上升的趋势基本停止,主要产品线和产品系列在市场上已普及,产品根据市场细分而进行的功能分化基本完成,产品主要依靠新技术的应用而开始进入迭代升级优化期。与成长期相比较,市场需求量尽管在总量上仍很大,但从增长趋势上已接近饱和,竞争加剧,产品销售开始出现困难。

产品用户增长也已步入平缓期,目标市场已经基本被占领,市场需求趋向饱和,整体环境竞争开始加剧。在这种情况下,很多的产品和体验都会越来越同质化,决定是否能够胜出的关键就是运营模式或者营销策略,需要重视产品组合和协同作战能力的提升。在这个时代产品的重要性远远小于服务和运营,也就是产业进入市场时代。但是,这并不是说产品不重要了,恰恰相反,一个好的产品是成功的基础条件,只是胜负的关键变成了产品组合、运营策略和方向把握。

在产业强盛期内,由于新技术出现和分工产业的发展,新的产业可能出现，这也可能会再孕育出其他新的产业。例如，电子计算机的迅速发展，就孕育出了软件开发等新兴产业，新兴产业在产业演变史中，起了一种承先启后的作用。没有某一产业的充分发展，与之相关的其他产业就不可能得以产生和发展。

3.2.4　产业衰退或转型升级期

产业的发展一旦充分成熟以后，就开始步入了衰退期。产业进入衰退期的标志是综合生产能力大量过剩，主要产品开始滞销和长期积压。一种产业何时消亡很难预见，经济中很少存在对某一种产业完全不需要的情形，尽管该产业的市场需求越来越小，但仍能"苟延残喘"相当长时间。消亡的形式不一定就是绝迹，它可能并入到其他产业中，但不再具有产业的独立性。

产业在衰退期有以下特点：一是产品产量开始负增长，众多的厂家开始退出这一产业；二是由于利润率下降，成本高，产品缺少销路，或者有更具吸引力的产业出现，产品老化以及原有设备陈旧过时，生产能力大量闲置，开工率普遍不足，产品供过于求，积压严重而转向其他领域。

另外，也可能由于新技术或新材料的出现，产业的实现转型升级，更好地满足了消费者的需求。

总之，产业发展有比较明显的萌芽、分化成长、强盛、衰退期或转型升级阶段，企业应该充分研究产业的发展规律和发展阶段，根据产业发展阶段的特点制定相匹配的企业转型升级战略或产品开发战略。企业高层管理者应该特别注重研究产业分化成长规律，适时进行企业的产品线拓展、产品系列的延伸和产品规格升级，实现企业的转型升级，帮助企业实现高质量发展。

产业生命周期各阶段的客户、产品、竞争者、经营风险也呈现不同的特征，如表 3-1 所示。

表 3-1　产业不同生命周期阶段特征

	萌芽期	成长期	强盛期	衰退期
客户	很少	新用户不断增加	新用户减少，主要依靠老用户	用户减少

	萌芽期	成长期	强盛期	衰退期
产品	种类较少，技术性能不高	种类丰富，技术性能不断提升	逐步标准化，产品同质化	产品不再创新，逐步淘汰
竞争	很少	竞争者涌入	主要竞争格局形成	部分竞争者退出
经营风险	非常高	有所下降	进一步降低	上升

产品、渠道、运营在产业发展的不同阶段，各自的重要性和地位也不同。一个产业发展初期是产品更重要，因为没有对手；在产业发展中后期是渠道更重要，因为占领了渠道就赢得了用户；在市场充分竞争之后，则是运营策略决胜一切。

3.3 产业发展周期的驱动

产业生命周期变动的背后，是各种影响因素的驱动。不同类型的产业，其驱动因素的变化有所不同，从而产生了产业演变规律的差异性。

3.3.1 产业发展周期的驱动因素

产业生命周期的演化驱动因素主要有 3 个——需求变化、技术进步、资源禀赋。同时，政策和其他相关产业的发展也会影响这 3 个因素。

1. 需求变化是产业生命周期演进的根本动因

市场需求总量的变化会引起产业的扩张或收缩，进而决定产业的兴衰；需求结构的变动会推进产品创新或产品分化，促进产品升级换代。人的需求层次理论告诉我们，市场需求具有多样性。当市场需求总量不足够大时，产品没有必要进行功能分化；当随着市场需求总量的增加，某一个市场细分足够大时，企业就会研发或分化相应的产品品类，聚焦匹配相应的市场细分。也就是按照市场细分创造产品的实用价值、性能价值、功能价值和精神价值等，并按照产品价值理论延伸产业的产品线、产品系列或产品规格，丰富产业的产品地图。

例如，水产业的产品分化历程主要是按照需求变化的发展而不断分化发展的。一开始是纯净水，随着市场需求总量的不断扩大，分化出矿泉水产品线如农夫山泉，分化出功能价值的产品线如"累了困了喝红牛""怕上火喝王老吉"，分化出精神价值的产品线如依云水，不断丰富水产业的产品地图。

2. 技术进步是产业生命周期演进的内生动因

需求可以引起产业技术创新，技术进步可以提高利用资源的能力，提高资源的配置效率，降低成本。技术是产品分化的基石，新技术、新材料的应用可以创造出新产品，满足原来未满足的需求；反过来技术也促进需求，不断推动产业结构向现代化、高层次演进。技术是产品升级换代的保障，产品的升级换代、功能升级都需要以新技术或新材料的应用为前提。

3. 资源禀赋是产业生命周期演进的外在条件

产业的资源因素主要包括原材料、劳动力和资本等。原材料在总量和结构上约束着产业的成长模式和速度。劳动力和资本的使用成本及质量影响产业结构的演进。政策是对产业发展的一种有目的的导向和控制，它能有效地调整和优化产业结构，弥补市场缺陷。政策可以对需求、技术、资源禀赋等方面都产生影响。相关产业也会影响自身产业的需求、技术、资源禀赋，如相关产业的技术水平提高，通过知识溢出效应扩散到自身产业，使其能够吸收知识，提高自身技术创新水平。

沈阳市将生物制药产业作为其重要的战略性新兴产业来发展，给予优惠的政策支持。借助持续的高研发投入、不断提升的创新研发能力和市场强劲的需求，沈阳生物制药产业驶入发展快车道。2018年沈阳市医药制造业产值180亿元，增长24%；其中生物医药产业产值56亿元，增长32%。截至2018年底，沈阳生物医药上市公司总市值已达到285亿元。2016—2018年沈阳生物制药产业产值年均增速超过20%，利润增速超过15%，占全市工业产值的比例由4.8%增至6.2%。

企业高层应时刻关注并研究自己所处的产业当前最重要的驱动因素，结合企业的资源优势提前评估并布局转型升级方向和产品升级点，始终保证企业产品发展方向的正确，提升企业的产品竞争力。

因此，产业发展周期理论告诉企业必须要在正确的时间节点找到新的赛道，或者对业务进行转型，把握产品迭代升级的节奏。

在产业发展萌芽期，产品应该倾向不同的"基础功能＋差异化"的功能点。

在产业发展成长期，产品应该倾向于"核心功能＋使用体验"的极致优化。

在产业强盛期，企业应该基于"存量与壁垒"拓展产业边界。

3.3.2　产业产品与产品价值层次的对应关系

不同层次的产品系列与产品价值层次息息相关。产品系列与产品价值定位的关系如下。

（1）低层次的产品系列往往是产品的使用价值定位。

（2）中端层次的产品系列一般是以性能价值定位为主。

（3）高端层次的产品系列一般以产品的功能价值为定位。

（4）超豪华产品系列一般以产品精神价值为主，并辅助产品价值定位的原由。

企业要想真正打造高端品牌，进入产业的高端层次，应该通过自家产品的技术、设计、包装、服务、渠道、店铺形象、销售人员、广告、代言人、公关、公益、品牌内容等全方位让消费者体验到高端，而不是喊口号声明自己高端。高端应该是一种社会共识，而不是自我认证。例如爱马仕、特斯拉、华为、劳斯莱斯需要自我标榜为"高端"吗？我们要针对用户去界定什么是真正的高端，而不是投机取巧地打上"高端"二字。

产品开发战略就是设计产品系列的产品品类体系，根据自身优势和品类市场发展趋势在合适的时间、合适的位置打造或丰富相应产品品种，形成产品的集团军协同作战态势。通过产品线的体系规划设计，分化出多个产品系列中的产品规格，根据自身优势和品类市场容量以及增长趋势，进行主推产品品类的打造，完善产品线体系。

企业经营以产品为出发点，以顾客满足、顾客关系为终点，竞争只是企业经营过程中的一个参照系，应以重点满足细分市场客户的特定需求来设计产品的功能或特性卖点。

打造有生命力的产品，就是根据产品功能或市场特性细分需求，从产业产品成长地图体系中挖掘市场即将出现的产品品类或系列，并根据自身资源和市场容量及其发展趋势，定位产品价值层次，打造升级产品的精神价值，赋予产品精神，提升产品的竞争力和生命力。

3.4 产业发展机会的考量

机会由需求与生产两方面组成，相辅相成，缺一不可。不管是从需求侧出发，还是从生产供给侧出发，都需要两者能够匹配契合。最佳的模式当然是用最大的生产能力为市场创造最大的客户价值。

机会的实现，要从两个维度考量——时间与竞争，即什么时候是成熟的机会，如何在动态的竞争市场把握机会。例如某知名汽车公司评价何时进入中国市场，即中国汽车市场的成熟度的标准是中国人均 GDP（国内生产总值）达到 1 万美元，只有中国市场的人均 GDP 达到了 1 万美元才考虑在中国建立或合作生产自己的汽车品牌，在这之前只是进口自己品牌的汽车在中国市场销售。

3.4.1 时机的四种分类

成熟机会是时机。时机在现在还是在未来？当前需求在市场中的客户意识可分为无意识、有意识、强烈渴望，对应需求的解决能力分为不能解决、能够解决。拆解需求程度与生产能力构建机会评估模型，如图 3-3 所示。

横向与纵向两维度划分为四个区域。

第一区域：客户意识强，现在对应需求的解决能力弱，有较长时间建设能力（竞争者不能快速跟进），无须市场教育，有未来的机会。特点：风险大、竞争强。

第二区域：客户意识弱，现在对应需求的解决能力弱，有较长时间建设

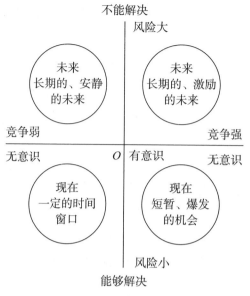

图 3-3 机会评估模型

能力（竞争者不能快速跟进），市场需要时间教育，有未来的机会。特点：风险大、竞争弱。

第三区域：客户意识弱，现在对应需求的解决能力强，有一定时间窗口（不会马上出现竞争者），市场需要时间教育，有现在的机会。特点：风险小、竞争弱。

第四区域：客户意识强烈，现在对应需求的解决能力强，有短暂时间窗口（快速出现竞争者），市场快速爆发（无须教育），有现在的机会。特点：风险小、竞争强。

不同类型的机会，需要投入的资源、周期、竞争策略都大大不同。

例如，苹果公司早期的美学极简电脑业务属于第三种：市场无意识，能够生产，特点是风险小、竞争弱。所有人都没有想到电脑可以结合美学，为客户提供极简的消费者电脑。

3.4.2　竞争思维

时间，是纵向考量机会的可能；竞争，是横向考量公司所处的市场竞争程度。市场体现不同企业竞争、合作的动态变化，而非静止状态。需要把市场进行"战场"式结构化，基于机会定位适合自己"战场位置"，从而能够精准地把握机会，占据市场。

产业发展初期、中期和成熟期的阶段不同，其产业分化的重点和方向也就不同。那么，产品系列的完善程度不同，所采取的产品开发和竞争战略也不同。这说明企业不同的竞争战略是适合不同的产业发展阶段的。

1. 总成本或总价值领先战略

新产业的出现属于新市场、新需求，最初进入者不了解产业和新产品。这时候定位核心市场需求，最先的市场需求层次，一般是以中档和实用功能的产品开发为主，公司适宜采取成本或价值领先战略。

在产业初期，企业竞争战略一般采取的是产品领先战略，就是全力以赴地把产品做好。比如，全力以赴追求在技术上的突破、在产品上的优化，就可以开辟一片市场。在这个时候，最重要的是有一个产品，一个一马当先的产品。要在这个领域把产品创新做到 80 ~ 90 分，其他领域可能做到及格就可以，因为没有一个企业可以在各个领域都做到 90 分及以上。

因此，处在产业初创时期，企业比较适合选择总成本领先的战略。贯穿于整个战略中的主题是使成本低于竞争对手，也就是在价格相当的竞争条件下，当我们企业保持成本低于对手的优势，这种低成本地位就会转化为高收益。企业相对竞争对手有更高利润空间，也就有了更多竞争优势。

例如国内电视品牌 A 公司。在 20 世纪 90 年代，家电处于产业的快速成长阶段，彩色电视处于发展初期。那时候家电也普遍陷入了非常激烈的竞争，A 公司为什么一下子赢得了整个市场的第一？

低价竞争，快速规模化，以规模化保障总成本领先战略优势。

1989 年，A 公司开创了中国彩电价格战之先河，迅速扩大市场占有率，加速资金回收，占据中国彩电行业龙头位置。

1996 年，A 公司推行全面成本核算，建立三级成本核算体系，采取了低价竞争策略。因为对于家电来说，消费者的敏感度还是很大的，在这种情况下，只要稍微降价，其实是能够引起消费者的消费刺激的，所以说 A 公司率先通过价格战的方式赢得了市场。但是我们也要知道价格战背后的基础，其实是 A 公司选择了总成本领先的战略。它以总成本领先的战略，保证自己有很好的空间去打价格战。它通过低价竞争的方式，实现了快速的规模化，同时又用规模化的方式，为自己的总成本领先战略创造了优势。

2. 差异化战略

当一个产业已经发展一段时间，产业进入快速成长期后，产业市场进一步细分，从产品线来说，往往是系列性分化。随着新技术、新设备的出现，产品不断向上、下档次两个方向拓展、发展。产品线拓展往往是一个市场细分的需求分化，产品开发适宜差异化战略，满足进一步的细分市场。

案例分享

当前，母婴市场的规模仍在扩张。一方面，存量市场的婴童全周期需求开始被重视，并得到充分挖掘；另一方面，随着三孩以及鼓励生育政策的调控，增量市场仍具备一定时间的红利期，存在确定性较强的刚需增量。

占据母婴儿童市场更大份额的中大儿童人口数量也迎来规模化增长。据第七次全国人口普查数据显示，2020 年中国 0~14 周岁儿童人口为 2.53 亿，其中 3~12 岁儿童数量达到 1.4 亿，其数量接近婴幼儿的 3 倍，其需求也相对更加细分和多元化。

母婴行业的主力消费群体已经完成了代际更替。Z 世代前后群体组成的新生代家庭，在实际育儿观念、家庭需求方面，与传统家庭形成"分化"。表现为，新生代家庭崛起伴随的是需求结构的升级，从单纯育儿阶段的功能满足，开始蔓延到成长阶段的整体需要。

A 公司的商业视野进一步深化，差异化服务与家庭消费场景被其视为未来母婴主流趋势。面向全龄段的儿童生活馆的出现，可以视作 A 公司商业探索的一次重塑。

首先，儿童生活馆，从生活方式到场景体验的价值重塑。

从定义出发，A 公司儿童生活馆作为线下场景，不局限在一站式母婴服务，而是向上延展，走向生活。其定位是为满足孩子及其父母在生活娱乐、学习成长每一个阶段的需要，打造一个既能一站式购物又能体验有趣、愉快的社交互动，并且寓教于乐的场景所在。

该公司提供儿童一站式购物及成长服务活动方式的差异化服务，展示了母婴行业线下场景的新潜力。例如从南京场馆的实际场景来看，儿童生活馆既有包含以运动装备、运动鞋服为主题，并能提供可进行轻微活动的运动装置，以及一边学一边运动的室内体验的"儿童运动中心"，为南京地区提供专业度相对较高的家庭户外露营深度场景解决方案；又有以图书、课桌椅、文具为主要业态的"阅读学习中心"，提供可以静心看书、获取知识的综合乐趣空间，且教辅教材满足小学到初中各年级需求，健康学习桌椅可以现场体验；更有以整屋情景打造的形式提供综合比选提案，为不同性别、成长周期、新生二孩等不同亲子家庭提供诸如儿童洗浴解决方案在内的诸多场景设计解决方案，并且展示实际产品体验的"会员服务中心"。

在零辅食、营养方面，A 公司也能为家庭提供儿童营养全餐，低糖、低盐、低钠等健康零食，以及全年龄段乳品等适用于不同场景的整体解决方案。

与此同时，儿童玩具、儿童游乐、儿童剧场等的外延需求，包含在"游乐中心"内。孩子在"游乐中心"玩耍，能够激发天性，培养探索精神。南京场馆中既有包含超 200 种热卖款的乐高品牌专营店与乐高专属拼插俱乐部，又有全南京最全的奥特曼产品体验区。

而以在线教育、手工绘画、科学实验等各类体验场所为主的"成长服务一站式体验中心"，汇聚了各类挑战性与尝试性的线下体验，为孩子的乐趣教育提供多样选择。

作为行业首创的儿童生活成长体验空间，A 公司儿童生活馆所聚合的业态本质是将更长周期内的用户需求分类囊括。A 公司儿童生活馆的切入点，落在学习、运动、睡眠三大重点需求，重点打造"3+1"体验模块。其中，"1"是母婴产品馆，承载的是新生儿对世界的第一感知，是深度服务母婴群体的着力点；"3"则代表着儿童运动、儿童家居、儿童阅读模块。

不难发现，A公司儿童生活馆的出现，打破了母婴童服务业态的固有边界，超脱传统母婴行业的自我设限，向"学、趣、购"三者合一的更深广的生命周期方向演进，进一步外拓了母婴童的服务边界。

3. 集中战略

产业进一步发展，达到成熟阶段，消费群体进一步扩大，市场进一步细分，相对应的新需求达到一定市场规模，产品线拓展也进一步细分，产生更加细分的单品，客户群更加集中，产品线拓展思路也是聚焦某个细分市场，采取集中策略，产品线拓展达到了个性化的单品拓展。

集中战略指企业经营活动集中于某一垂直领域。这种战略的核心是瞄准某个特定的用户群体、某种细分的产品线或某个细分市场。

在产业从发展后期进入成熟期的时候，这个市场强势的领导者已经形成了，比如网约车的市场。大家都知道网约车市场的龙头是"滴滴"，那么其他的约车平台怎么去跟它竞争呢？这时候它们就要采取垂直聚焦的战略，选择细分市场或者细分人群的领域去竞争，比如"曹操打的"就是只做专车这个市场。甚至有的平台直接不做C端（消费者端）的约车，像"快狗打车"，直接满足拉货人群的需求，只做拉货市场。

因此，在产业发展的不同阶段，要因时制宜，针对不同的市场机会制定不同的发展战略。

第 4 章
产业分化是产业进化的路径

产业的不断分化就是不断丰富产业的产品线和产品系列，助推产业不断成长，创造新品类得以诞生的条件，也为企业不断转型升级提供发展方向和拓展思路。

因此，从产业成长模型角度看，产业分化是企业转型升级的遵循。企业要做的，就是时刻把握产业分化的趋势，创新品类或升级产品系列，甚至创建新品牌，主推企业转型升级不断发展壮大。

基于产业分化规律创建的新品类，才是市场认可的"真品类"，这样创建的新品类才能根植于消费者心智，所以我们要用产业分化的规律，在产业成长模型中找到那个已经或将要存在但是没有被满足的需求细分。这是新品类的机会，更是企业转型升级的好机会。

4.1 产业进化规律

4.1.1 产业进化是自然属性

产业分化是产业不断发展的必然路径，也是产业不断进化的方式。产业就像大自然生命一样，是不断进化的。

1837 年，达尔文首次用假想的进化树勾勒生物演化的历程，物种的形成如同一棵不断分枝的大树，因变异积累形成不同的特征，最终进化为多个全新的物种。如图 4-1 所示，进化树简明地表示了生物的进化历程和亲缘关系，从树根到树梢代表时间的延伸，主干代表各级共同祖先，大小分枝代表相互关联的各个生物类群的进化线索。

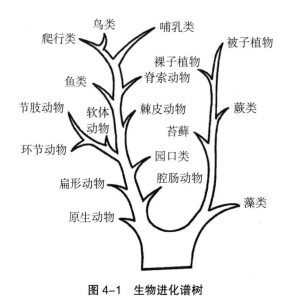

图 4-1　生物进化谱树

生命进化的一般过程是由简单到复杂,由低等到高等,由单细胞到多细胞,由无脊椎到有脊椎。

从生态学观点来看,物种是生态系统中的功能单位,每个物种占有一个生态位,每一个物种在生态系统中都处于它所能达到的最佳适应状态。因此,物种是生态系统中物质与能量转移和转换的环节,是维持生态系统能流、物流和信息流的关键。

同理,从产业成长模型中可以看出,产业的成长进化方式如同生命的进化一样是通过分化方式成长的。一个产业的生成、发展、进化也是一个从简单到复杂,从产品线到产品系列、产品规格,产品由低端向高端不断分化、进化的过程,从而实现产业的不断升级。

企业的转型是产品线不断拓展的过程,企业的升级则是产品线下的某个产品系列由低层次的产品转向附加值更高、更复杂、更高层次产品的过程。

4.1.2　产业进化阶段

随着产业的进化,产品品类越来越丰富,企业应该如何遵循产业进化规律来设计规划自己的产品呢?我们应该从产品分化的角度研究产业发展和功能细分的规律。

从产品品类分化的丰富度视角审视产业发展规律，可分为新技术、新产品出现，产品分化，产业转型升级 3 个阶段。

1. 新技术、新产品出现阶段

技术既是产业成长模型的根基和本原，也是新产业出现、产业不断分化发展的源泉。有了新技术一般会出现新产品或实现产品的新功能，满足人们不断提升的新需求。

例如，伴随着蒸汽机新技术的发展，汽车代替了马车，大大提高了运行速度和载重量，节省了时间；伴随着无线通信技术的出现和成熟，手机代替了有线电话，极大改进了人与人交流的效率和效果。

2. 产品分化阶段

随着产业的进一步发展，更多的人认知到新产品的好处，市场规模越来越大，细分需求开始凸显。为了满足客户的多样化需求，新的产品品类出现，满足了差异化需求，即市场进一步细分并提供不同的产品品类，也就是本产业进入不断分化、快速发展阶段。产业分化就是产业不断进化出现满足不同市场细分，突出不同功能的产品线。产品线也不断分化出现由低端产品向高端产品延伸的多个产品系列，满足不同的消费需求。

例如汽车产业的发展史实际就是产业不断分化的过程，随着汽车新技术的不断发展，分化出现满足多种不同功能需求的产品线。一方面，汽车以"功能"分化出现货车、客车、乘用车、越野车、城市 SUV、客货两用车等不同的汽车产品线；另一方面，随着产品"价格"分化，出现产品低、中、高、豪华等不同档次的产品系列，实现产品升级。产品的升级主要是依据技术进步，实现产品的安全、舒适度、操作性、价格等产品的优化或迭代升级。

3. 产业转型升级阶段

新技术的出现往往促使产业各个产品品类功能的升级，另外产品不断升级换代促进产业不断发展升级，甚至催生新产业的出现。例如随着信息技术进步、电池新技术的出现，汽车继续分化出新能源汽车、智能网联的自动驾驶汽车等。

因此，产业是有其发展规律的。企业的产品开发战略要符合产业的分化发展规律，才能保证企业的发展方向正确，实现高质量的发展。否则，产品的研发投入很大，但不符合产业的发展规律，必将失败。对产业发展规律的研究有利于企业规划并决策产品开发战略，根据产业发展各个不同阶段的发展规律采取不同的产品线发展方向和产品档次的定位，采取相应的产品开发路标和节奏。

案例分享

　　调味品产业的油、盐、酱、醋等是老百姓最基本的刚性需求。餐饮产业的发展，食品加工业的消费升级以及分化发展，成为推动调味品产业发展的主要因素。2021 年，中国整个调味品市场营收大概为 4000 亿元，调味 A 公司的营收为 250 亿元，约有 6.25% 的市场占有率。

　　随着调味品产业的技术升级和创新，调味品越来越多地满足消费者的烹饪需求，成为了老百姓日常餐饮中不可或缺的重要部分。调味 A 公司的主营业务未发生变化，依然坚持主业，坚持调味品的生产和销售，并在调味品产业内实施多元化生产，产品涵盖酱油、蚝油、酱、醋、鸡精、味精、料酒等。

　　随着越来越多的企业进入资本市场，借助资本市场的力量快速发展，调味品产业的品牌企业日益强大，市场份额进一步提高，产业集中度也有了明显的变化。调味 A 公司的酱油、蚝油、酱三大核心品类以及全国各主要市场基本保持了稳定的发展，其中酱油实现营收 141.88 亿元，增长 8.78%；蚝油实现营收 45.32 亿元，增长 10.18%；酱料实现营收 26.66 亿元，增长 5.61%，市占率稳步提升。

　　产业正处于产业不断分化、产品不断细分、市场不断集中的成长阶段。随着调味品产业科研、技术、设备、工艺的不断投入，产品品质更加稳定，产品技术含量日益提升。调味 A 公司在核心技术的攻关上从未停下脚步，持续加快科技进步和成果转化的速度，研发投入同比增加 8.45%，全年研发成本超过 7.72 亿元。2021 年报显示，公司务实创新，在多项技术成果上取得重大突破，并引领产业新的发展方向，在新产品研发方面，提速提质，快速研发上市推出了一批有竞争力的产品。产品品质的不断升级，亦为市场发展注入充足的底气与信心。

4.1.3　产品演变规律

理解产业的发展规律对产品开发战略的制定、产品的研发有着重要作用。产品相当于把客户需求细分高度提炼为一个特性，特性与特性之间存在生物式的演变关系和竞争关系。

一种事物变成另一种事物，这是演变；一种事物与另一种事物形成替代关系，这是竞争。产业的产品之间的演变规律分为进化、分化、融合，如图 4-2 所示。

图 4-2　产品演变示例

在产品演变中，我们可以看到：进化是指在甲的基础上，加上隐性的乙，进化为丙；分化是指丙分化为甲和乙；融合是指甲和乙融合形成丙。

进化是更好、更强、更有生命力。分化是一生二，二生三，三生万物。融合是跨界竞争的统一。进化与融合，都基于特性的增加，使之强大，前者是把隐性特性融入，后者是把其他特性融合。

进化的出发点是产品不足，分化的出发点是产品不能满足某个细分需求或某项功能有弱点。不足，可改进，即可进化；弱点，不可改进，是与原有特性相冲突且独立，即可分化。分化，是形成新的产品；进化，是提升原有产品的生命力。

如果市场需求旺盛，则会不断地分化、融合新的特性；如果产业周期下行，则会不断地进化、融合、淘汰过去的特性。

这对企业产品体系规划的启示是：不同的市场地位采取不同的产品发展定位或产品开发战略。

如果已经是产业老大，那么需要在持续进化的过程探索分化特性，保持市场整体的覆盖范围。

如果企业本身是产业头部（不是老大），最好满足不断进化的特性，把一个特性做到极致，成为隐性巨头。

如果是新进入一个产业，则要找到一个"对"的融合特性或分化特性，形成有差异化的产品，提升产品的竞争力，不断丰富和积累资源优势，再通过产品系列延伸不断丰富自己的产品品类和产品规格，适时适度进行科学的产品组合，形成多产品线和产品系列，并通过互补产品的协同策略和竞争产品的正确区隔实现集团军协同作战能力。

例如，在计算机产业中，最初只有一种大型计算机，随着技术的进步和需求的不断变化，市场逐渐分化，形成了主机、微型计算机、个人电脑、笔记本电脑、平板电脑等多个细分市场。而每个细分市场又能进一步分化出更小的市场，例如 PC（Personal Computer，个人计算机）又可分为普通 PC、游戏 PC、设计 PC 等。产业分化规律的存在说明了消费者需求的不断变化和细分化趋势。

4.2 产业分化规律

产业分化规律是指一个产业品类在其生命周期中，随着时间的推移，不断分化成不同的细分市场。这些细分市场还可以进一步细分成更小的市场，不断分化并形成多样化的需求，这是产业发展的一种普遍规律。

产业不断发展壮大的过程实际就是产业分化过程。所以，产品线和产品系列的拓展路径也遵循分化扩张，而非复制。

产业成长的不断分化过程，就是产品品类不断细分和丰富的过程。直到产业产品线或产品品类细分更加丰富，最终形成产品品类的茂盛"大树"，这个过程就是产业升级。例如汽车产业的客车、货车、越野车、城市 SUV、跑车、轿跑车、商务车等产品品类的出现，就是汽车产品不断升级的过程。

技术创新或新技术的应用形成新的产品品类，最终替换原有的产品品类，就发展成为了一个新产业，然后进一步细分市场，不断丰富新的产品品类，形成新的产业"大树"，这个过程就是产业转型。例如，柯达胶卷、诺基亚手机等"死亡"的过程，就是数码相机、智能手机等新技术的出现和应用、新品类不断涌现、社会需求不断被激发促进产业转型升级的过程。

产业随着市场规模的发展、客户需求的细分，导致产品的差异化。产业中产品按照不同的路径，其分化不同。一般是按照功能、价格、场景、材料、趋势、风格等不同的维度进行产品分化，这给企业的新产品开发战略规划的路径提供了依据。

以饮用水不断分化完善产业的产品线体系为例。瓶装水本来只是为了携带方便、饮用解渴，如果按照价格分化，可分为"普通水""高端水"；当水糅合一些添加物后，从功能上分化出预防上火的防上火饮料、补充能量的运动饮料、补充维生素的功能饮料等；在不同情境又分化出早餐奶、助餐饮料、饭后饮料；健康趋势兴起时，则分化出无糖饮料、低脂奶、天然水。如图 4-3 所示。

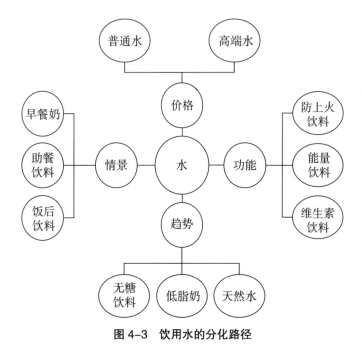

图 4-3　饮用水的分化路径

如果你想要寻找品类分化机会，可以尝试围绕像饮用水这样的 4 个方向思考，可能会有意想不到的收获。

4.2.1　功能分化形成新的产品线

依据产品功能进行产业分化是产品品类创新的重要途径。产业分化形成新的产品线的路径往往有以下几种。

1. 技术开创新产品功能，生成新的产品线

技术创新是实现产品价值创新的手段之一，也是实现新产业或产品创新的手段。例如，苹果手机通过技术创新开创了智能手机的新品类，诺基亚手机随着塞班手机品类的消亡而消亡；纯果乐通过巴氏瞬间灭菌法，开创了真正的新鲜橙汁品类。

从需求与认知出发，技术创新产生的新功能产品线为何能够成功与壮大？因为技术的不断进步更好地满足了消费者的需求，拓展了需求的维度。如电器 A 公司，以持续创新领先的科技成果，不断突破产业技术边界，创造性推出了全新品类——洗消一体机，集家用洗碗机、消毒柜、碗柜于一体，丰富了家用洗碗机功能，有效利用了厨房空间，更是起到了节能减排的作用，成为厨具产业的探路者和引领者。

2. 新趋势创新产品线

随着社会进步，高层次需求逐渐得到开发，市场容量增加，从而需要对市场进一步细分。可以依据新趋势创新产品线，开创新品类。

同理，也可以基于问题解决的新概念开发新产品线或新产品。社会、技术的不断发展与进步也带来一些问题，如环保问题、健康问题等。因此，也产生了很多解决该问题的新概念，例如有机、低碳、低糖、不含脂肪等。

例如，娃哈哈创始人宗庆后发现孩子偏食导致营养不良，通过调研市场、委托专家研发，推出了娃哈哈营养液，让娃哈哈年销售额破亿元，完成了原始积累。

1988 年，宗庆后委托科研机构对杭州 3006 名小学生进行了一次调查，结果发现有近半数学生因挑食导致不同程度的营养不良。如果能够开发出一种产品来改变这种现状，那将是一个非常大的市场。于是宗庆后找到浙江医科大学营养系教授，希望能根据中医食疗原理，开发针对儿童的、当时尚属市场空白的营养液。

1988 年 11 月，中国第一支儿童营养液终于面市了。伴随着"喝了娃哈哈，吃饭就是香"的广告一下子打开了市场。娃哈哈营养液一炮打响之后，第一年销售额达 488 万元，第二年达到 2713 万元，第三年就超 9800 万元，迫近亿元大关，娃哈哈企业完成了初步原始积累。

4.2.2　价格分化促进产品系列化

要实现产品线的产品系列化，其实质是针对消费者及其需求的深度挖掘，打造出大单品群，围绕某个主打核心产品构建一个产品系列，打造若干个大单品。

产品系列的分化一般按照消费者的消费能力，即价格进行分化，按照低、中、高、豪华、超豪华等分化产品的系列。例如宝马轿车分为 1 系、3 系、5 系、7 系等不同档次，其分类依据主要就是价格。1 系价格区间为 20 万 ~ 30 万元；3 系价格区间为 25 万 ~ 40 万元；5 系价格区间为 35 万 ~ 80 万元；7 系价格区间为 80 万 ~ 200 万元。

产业分化的品类一般有两种。

一种是大品类。新的需求需要新的技术和新功能的品类，形成新的产品线，再按照价格细分为多个产品系列。例如客货两用车从客车和货车中分离出来，城市 SUV 从客车和越野车中分离出来，形成新的产品线，再按照价格分为高、中、低等不同的产品系列。

另一种是小品类。同属于一个产品线，是产品线同一个系列根据附加条件而生成的新品类，往往是在同一个实用功能下附加功能或情景而生成的小品类。例如饮料中的运动饮料脉动、防上火的王老吉、解乏的红牛等，都是在解渴实用功能下的附加功能形成一个小品类。

因此，新产品开发战略要结合产业成长地图、未来的分化趋势、市场规模、产业价格带、产品系列的互补性、原产品的协同性与产品组合、产品角色定位等因素进行综合考量，评估新产品的潜在竞争力。比如，鲍师傅核心拳头产品是肉松小贝，以肉松小贝撬开市场，然后进行纵向的口味延伸、横向的品类扩展，研发了蛋黄酥、凤梨酥、提子酥等一系列产品。

4.2.3　价格锚定形成产品规格化

产品价格锚定是消费者对产品价格建立的认知和决策的基点，是评价产品价格是否合理的心理锚点。

产品规格化是企业利用价格锚定效应，为消费者提供一个稳固的消费决策基点而设计的一个产品多个配置版本的产品。

产品规格一般分为高档型、增强型、常规型和简配型4种类型。不同版本采用不同的产品组件、材料进行组合，满足不同目标客户群需求的产品类型；参考产品细分定位和产品价格锚点理论进行设计的不同配置产品的价格差，形成产品的价格锚点，促进产品成交。

案例分享

一家网络商家A公司，2019年开始卖暖宝宝。它本来只卖蚊香液，但过了夏天没有蚊子，蚊香液就卖不动了，暖宝宝品类加入后，补足了冬季销售"空窗期"。每年"双十二"和农历新年前，是暖宝宝的两个销售高峰，平时也是一降温就有订单。

A公司提供的暖宝宝主打性价比，有保暖功能的暖贴，也有添加少许中药成分的暖贴，平均每天订单量1万多单，高峰期能达到3万~5万单。其中单纯保暖的暖贴卖得最好，最便宜的单片只要3毛钱。

店里的暖宝宝单品有4个，按照数量包装分为30片、50片、60片和100片。这样设置是由客户需求决定的，100片的销量最好。

一般来说，暖宝宝从每年五六月份就开始生产了，在十月份基本备好了货，A公司通常会备足2个月的货。然后密切关注十一月的天气状况，预判气温走势，再提前1~2个月补足余量。暖宝宝有使用期限，对商家预判库存的能力要求比较高。入冬后，它每天关注天气预报，时间越近，预报越准确，备货也会更精确。

虽然每年都希望天气冷一些，但天气真的冷起来，A公司也会"招架不住"，因为冰雪天对物流是个巨大考验。订单量陡然加大，仓库端出货变慢，装卸难度加大，高速路面结冰等都是不确定因素，直接影响到订单履约效率。

对此，A公司优化了仓储水平，从1个仓库扩展到5个仓库，分布在安徽、河北、山东、江苏等地。预知降温消息后，提前5天将货发到仓库，让工作人员提前按照规格打包货物，细化到30片、50片、100片规格和相应占比，等到订单来了，就能直接发货。

2023 年年底，A 公司店铺已经卖出去了 3000 万片暖宝宝，还备足了 1200 万片货品，等着在农历新年前再迎接一波大订单。

与 A 公司寻求单季爆发不同，B 公司把暖贴做成了一门细水长流的生意。"我的暖贴，一年四季都是旺季"，B 公司总经理说。他们在江苏无锡建了生产基地，主做的是养生暖贴，2023 年销售额达 9700 万元，长期位居 1688 平台品类第一。B 公司生产的暖贴有 100 多个单品，平均一片要卖 1 块钱，其中一款腰腹部暖贴年销售额就有 3000 万元，不过更多的收入来源于定制产品。

做养生暖贴是 B 公司从生活中发现的商机。它从 2018 年开始做暖贴，当时 B 公司发现女性朋友在经期会腹痛，就想做一条暖经巾，佩戴在腰腹部缓解症状。投入资金研发新产品，从造型到配方完全是原创。

2019 年初，B 公司设备升级，投产暖贴，决定走创新和高品质路线。从 2020 年开始，生意一直在增长，100 万元的订单额很常见。现在最让 B 公司发愁的是产能，全厂 14 条生产线连轴转，每天产能 30 万片，仍有 30% 的缺口需要补足。

产品功能的扩展，也就是产品线的扩展，产品功能扩展做到扩展市场细分客户群。功能使用扩展，也就是产品的功能扩展，这实际属于企业的转型升级。

公司首先与大学合作研发项目，在暖贴中加入香料，如薰衣草、洋甘菊、艾草、益母草等；其次与医学博士探讨，围绕热敷在中国传统养生中的应用，结合产品形态再做创新；最后是客户意见，基于客户在市场上的用户需求反馈，再进行内部开发。押对了产品和赛道，B 公司迅速发展起来。

养生暖贴的风潮是在后疫情时代，刚好踩中了消费者推崇健康养生的风口。相较于吃保健品、按摩理疗等，消费者更渴望新的养生形式，这也为养生暖贴创造了市场。人们希望有更服帖的、效果更好的、更时尚的，能与中国传统的中药艾灸、生姜、益母草等有所结合的产品。

整体来看，中国暖宝宝商家仍以中小型企业和家庭作坊为主。随着品质逐渐提升，不少企业开始注重品牌打造，摆脱"山寨品"的标签。尤其是在包装上做大刀阔斧的调整，融入更多中国文化元素，如汉服、旗袍、草药等，提高国产品牌辨识度。

最近，B公司在网上开了天猫店，准备在B端（企业端）和C端（消费者端）同步发力，做自家品牌。还上架了曾经的初代产品暖经巾，用来警示自己，要跟着趋势走，做好产品。

第5章
产品价格带与产业的适销度匹配

产品适销度是评价企业的产品线发展与产业发展匹配性的一个重要衡量指标。当企业的主推产品结构与产业价格带的消费量结构相一致时，则说明企业的主推产品与产业发展相吻合，该产品的适销度高，有利于企业的产品销售，更加容易实现高质量发展；如果企业的主推产品结构与产业价格带的消费结构不一致，则说明企业的产品战略规划有问题，需要根据产业价格带的消费结构优化调整企业的产品开发战略，或调整产品价格提升产品的适销度。

5.1 产业价格带对产品开发战略影响

产业产品线的价格带是指产业的产品线、产品系列和产品规格在各个价格段的销售量或销售量的占比。例如 2022 年汽车乘用车车型价格带分 3 万 ~ 8 万元、8 万 ~ 12 万元、12 万 ~ 16 万元、16 万 ~ 25 万元、25 万 ~ 40 万元、40 万元以上 6 个价格带；还可分为 3 万 ~ 8 万元、5 万 ~ 10 万元、10 万 ~ 15 万元、15 万 ~ 20 万元、20 万 ~ 30 万元、30 万 ~ 40 万元、40 万元以上 7 个价格带。这两种分法的区别在于：第一种分法侧重于每个区间的销售总量差不多，第二种分法侧重于价格区间的均衡度。两种方法没有优劣之分，哪个分法更适合自己的企业就可应用哪个分法。

企业价格带则是指自己的各个产品线及其产品系列处在产业价格带的位置、销售量或销售占比。如果企业的产品定位和价格带与产业价格带相一致，则说明产品的适销度比较好；如果不一致，则说明产品与产业的适销度不高。另外，企业产品定价或价格策略、产品开发战略等也应该参考产业价格带的结构，从而提升企业产品的竞争力。

案例分享

根据中国乘用车市场信息联席会（简称"乘联会"）2022年12月份的数据，全国乘用车市场价格走势持续上行，高端车型销量提升明显，中低价车型销量减少，这是消费升级的推动，如表5-1所示。

表 5-1　汽车乘用车的价格带销量和占比

价格段/元	2017年销量/辆	2018年销量/辆	2019年销量/辆	2020年销量/辆	2021年销量/辆	2022年汇总/辆	2022年销量/辆			
							1季度	2季度	3季度	10—11月
40万以上	41	51	52	56	58	62	14	15	20	13
30万~40万	87	103	109	111	123	126	32	31	38	25
20万~30万	204	205	205	254	312	338	87	72	108	71
15万~20万	343	355	349	359	372	410	104	90	132	84
10万~15万	630	614	623	567	572	554	146	126	173	109
5万~10万	1062	971	765	613	607	522	140	119	159	103
5万以下	51	27	8	17	66	80	21	19	23	16
价格段/元	2017年占比	2018年占比	2019年占比	2020年占比	2021年占比	2022年汇总（百分比）	2022年占比			
							1季度	2季度	3季度	4季度
40万以上	1.7%	2.2%	2.5%	2.9%	2.7%	3.0%	2.6%	3.2%	3.1%	3.0%

续表

价格段 / 元	2017 年占比	2018 年占比	2019 年占比	2020 年占比	2021 年占比	2022 年汇总（百分比）	2022 年占比			
							1 季度	2 季度	3 季度	4 季度
20 万 ~ 30 万	8.4%	8.8%	9.7%	12.8%	14.8%	16.2%	16.0%	15.1%	16.6%	16.9%
15 万 ~ 20 万	14.2%	15.2%	16.5%	18.1%	17.6%	19.6%	19.1%	19.1%	20.2%	19.9%
10 万 ~ 15 万	26.1%	26.4%	29.5%	28.7%	27.1%	26.5%	26.9%	26.7%	26.4%	25.9%
5 万 ~ 10 万	43.9%	41.7%	36.2%	31.0%	28.8%	25.0%	25.8%	25.2%	24.4%	24.5%
5 万以下	2.1%	1.2%	0.4%	0.9%	3.1%	3.8%	3.8%	4.1%	3.6%	3.8%

　　汽车企业需要进行汽车产品升级，提升汽车的档次和品质，才能与市场产业的发展趋势相匹配。

　　由表 5-2 可以看到，2017 年 1—7 月中国汽车市场的销售主导价格段集中在 5 万~24 万元，其中销量最大的是 8 万~16 万元的汽车。另外，相比上一年同期，随着价格（除 64 万~72 万元外）的增高，乘用车的销量都有所增长，特别是 48 万~56 万元成交价区间的汽车，同比增幅达到 72.7%，抛开一些个别因素，可看出经济型市场的消费者逐渐向更高价位的市场转移，汽车市场消费有所升级。

表 5-2　汽车乘用车的 2017 年 1—7 月的销量与增长率

价格段 / 元	2017 年 1—7 月累计销量 / 辆	2016 年 1—7 月累计销量 / 辆	增速（百分比）	2017 年 1—7 月份额（百分比）	份额变化（百分比）
TP ≥ 80 万	99519	93493	6.4%	0.8%	0

续表

价格段/元	2017年1—7月累计销量/辆	2016年1—7月累计销量/辆	增速（百分比）	2017年1—7月份额（百分比）	份额变化（百分比）
72万≤TP<80万	29524	27351	7.9%	0.2%	0
64万≤TP<72万	28075	31615	−11.2%	0.2%	0
56万≤TP<64万	36290	33485	8.4%	0.3%	0
48万≤TP<56万	97415	56420	72.7%	0.8%	0.3%
40万≤TP<48万	212117	167160	26.9%	1.7%	0.3%
32万≤TP<40万	441675	362499	21.8%	3.6%	0.6%
24万≤TP<32万	805163	701799	14.7%	6.6%	0.7%
16万≤TP<24万	1833039	1548192	18.4%	15.0%	2.1%
8万≤TP<16万	5610596	5325133	5.4%	45.8%	1.4%
5万≤TP<8万	2482505	3018250	−17.8%	20.3%	−4.9%
TP<5万	576904	631052	−8.6%	4.7%	−0.6%

注释：TP 为新车终端销售价格

2017 年上半年销售数据显示，40 万元以下的轿车份额有所下滑，相反，40 万元以下的 SUV 车型份额却呈现了小幅增长，这或与轿车市场升级有关系。

乘用车的新产品研发方向要注重产品的迭代升级，提升汽车的档次和品质，才能与市场产业的发展趋势相匹配。在产品线的投资方向上应该不断加大 SUV 和 MPV 产品线新产品的研发力度，没有 SUV 产品线的企业可以尝试布局，已有 SUV 产品线的企业应该重点突破，不仅要增加产品系列和产品规格，还要注重产品角色定位和产品组合，提升企业集团军协同作战能力。

2017 年上半年 16 万元以上的汽车乘用车市场，SUV 车型占据主导地位，如表 5-3 所示。

表 5-3　汽车乘用车的 2017 年上半年的市场份额与变化

价格段 / 元	轿车		SUV 车型		MPV 车型	
	份额 （百分比）	份额变化 （百分比）	份额 （百分比）	份额变化 （百分比）	份额 （百分比）	份额变化 （百分比）
TP ≥ 80 万	28.4%	−3.2%	64.8%	2.8%	4.6%	1.7%
72 万 ≤ TP<80 万	24.6%	8.0%	75.3%	−6.0%	0	−1.7%
64 万 ≤ TP<72 万	16.5%	1.4%	75.7%	−0.1%	6.3%	0.8%
56 万 ≤ TP<64 万	26.3%	2.1%	46.0%	−23.3%	18.5%	12.2%
48 万 ≤ TP<56 万	34.3%	21.6%	58.7%	−20.7%	6.7%	0.6%
40 万 ≤ TP<48 万	50.9%	3.9%	46.8%	−4.3%	2.0%	0.5%
32 万 ≤ TP<40 万	42.3%	−7.5%	50.2%	4.3%	7.2%	3.4%
24 万 ≤ TP<32 万	37.0%	−6.6%	53.2%	6.1%	9.7%	0.5%
16 万 ≤ TP<24 万	42.1%	−1.7%	54.5%	1.6%	3.4%	0.1%
8 万 ≤ TP<16 万	53.8%	3.0%	43.9%	3.1%	2.3%	−0.1%
5 万 ≤ TP<8 万	50.3%	−10.2%	31.6%	10.4%	18.1%	−0.2%
TP<5 万	40.0%	4.0%	0.2%	0.1%	59.8%	4.0%

注释：TP 为新车终端销售价格

5.2　产品与产业的适销度分析

　　产品适销度是指一个企业的主推产品结构与产业价格带消费量结构之间的
匹配程度。

　　企业的产品结构是指各类产品在公司产品体系中的占比和协同关系。假设
将产业产品全景地图想象成一棵大树，那么产品开发战略定位就是企业选定的
哪些树枝，而产品结构就是所选定的不同树枝的比例。

产品定位和产品结构也直接影响产品适销度。例如房地产产业，在首置刚需型市场火热的时候，企业的主流产品偏改善类型，或者在改善型需求爆发的时候企业的主流产品是首置刚需类型，又或者在商业地产市场已出现滑坡的情况下企业的商住产品比例过高，都说明产品定位和产品结构与产业的市场需求不合拍，产品适销度也就较差。

总之，企业主流产品的定位和占比对企业业绩的影响非常大。因此，企业产品主要依据主流产品与产业的产品价格带发展适销度调整结构，特别是根据资金状况动态地调整产品结构，这是产品战略调整的重中之重。

因此，产品开发战略就是要提升自己未来的主流产品与产业发展趋势的具有较高的适销度。产品的适销度主要从产品线、产品系列两个维度进行评估分析。

5.2.1 企业的产品线发展与产业发展的适销度匹配性分析

一些企业主销产品与产业价格带高峰产品的适销度匹配不高，甚至产品之间是互补关系还是竞争关系都不清楚，更谈不上思考互补产品之间协同和竞争关系的区隔了。

因此，企业应该根据产业价格带分析哪些产品线是主销产品或未来的发展主流，主推哪几条产品线，并确定企业产品线的聚焦、重点突破，布局产品线，从而提升企业产品线与产业的适销度匹配性，推动企业高质量发展。

具体分析步骤如下。

1. 产业价格带标准的设计

根据企业所处产业的发展现状和未来发展趋势，确定产业价格带划分标准和价格区间。

2. 绘制产业产品线的价格带

根据产业现有的产品线编制设计产业各个产品线的价格带，并搜集相关销售量和增长率，绘制产业产品线的价格带。

3. 分析产业主要增长点和未来发展趋势

分析产业近几年的发展状况和特点，以及产品发展趋势，寻找产品发展空白或机会，为制定公司的产品开发战略打下良好基础。

4. 评估企业产品线与产业发展适销度的匹配性

根据企业所涉及的产业产品线，分析企业的主销产品与产业价格带或发展趋势的匹配性，并评估各机会的大小和开发资源优势。

5. 规划企业产品线和新产品的开发战略

不仅要规划确定企业产品线的开发战略和产品布局，也要规划企业未来产品线的开发策略。

5.2.2 企业的产品系列与产业发展的适销度匹配性分析

产品系列的适销度规划要确定主推几个产品系列才能提升产品的适销度，并且包括各产品系列的划分标准是什么，主打的明星产品系列是哪几个，其聚焦、重点突破和布局产品系列发展节奏规划是怎样的。具体步骤如下。

（1）绘制产业某产品线的产品价格带：根据企业所涉及的产业产品线，设计产业价格带，并搜集相关销售量和增长率，画出产业某种产品线的产品系列价格带。

（2）评估企业产品系列与产业发展适销度的匹配性：分析企业的主销产品与产业价格带或发展趋势的匹配性。

（3）规划企业现有产品系列的发展定位：明确企业现有产品系列的发展定位，以及"721"原则下的发展节奏。

（4）规划确定企业核心产品系列的产品规格开发战略：根据产业价格带结构，规划未来应该开发并补充每个核心产品系列的产品规格及其价格策略。

5.3 产品价格带对产品定价的指导

产品价格带是指一种同类产品或一种产品类别中最低价格和最高价格的差别。价格带的宽度决定了产品所面对的消费者的受众层次和数量。

例如，竞争对手生产的红葡萄酒有 5 个规格，售价分别是 50 元、100 元、200 元、300 元、500 元；我们公司也有 5 个规格的红葡萄酒，售价分别是 80 元、100 元、150 元、200 元、300 元，经过价格带的对比可以得出如下结论。

（1）对方的价格带（50~500元）比我们的产品价格带（80~300元）宽。

（2）对方的最低价格比我们低。

（3）如果我们增加48元和450元的价格规格，就会改变一些我们的品类定位。

（4）当同一种产品相比较，我们公司的价格偏高时，需要查看该产品的销售排名，如果销售不好，就可以考虑淘汰这种产品；如果销售比较好，消费者也需要，那就可以把该产品与其他产品形成产品组合，赋予它某个功能角色，提升产品之间的协同效应，提升产品的协同作战能力。

5.3.1　对产品价格带的分析

分析产品价格带的关键在于确定品类的产品价格区域和价格点。确定品类价格点后便可以决定品类的产品定位以及应当引入和淘汰哪些产品，形成产品协同组合。

第一步，零售商需要选择分析对象，其对象要求为门店产品某一个小分类。

第二步，展开产品品类中的单品信息，比如酱油，罗列出其各产品规格的销售价格线。

第三步，归纳该品类中单品的最高价格和最低价格，进而确定品类的价格带分布情况。

第四步，判断其价格区，即价格带中陈列量比较多且价格线比较集中的区域。

第五步，确定产品品类的价格点。

价格点是指对于该门店或业态的某类产品而言，最容易被顾客接受的价格或价位。确定了价格点后，备齐在此价格点价位左右的产品，就会使顾客产生产品丰富、价格便宜的感觉和印象。

价格点是决定顾客心目中品类定位的基点，即价格锚点，而价格带是决定顾客购买空间的范围。价格带的管理与顾客的销售分析密切关联，一方面品类的销售业绩会影响价格带的调整，另一方面价格带的变更也会影响到该品类产品的单价水平，两者是相辅相成、相互影响的变量。当产品价格带调整后，我们需要调查现有的品类销售数据，评价品类的价格点是否达到了最初的销售计划和营销目的。

对产品价格带的分析方式举例说明。如表 5-4 所示。

表 5-4　某零售商店酱油品类的案例图表

名称及规格	售价 / 元	日销售 / 袋（瓶）	陈列量 / 袋（瓶）	排面 / 袋 （瓶）	价格线 / 元
A 鲜味酱油袋装 400mL	0.90	1.70	6	3	0.90
A 黄豆酱油袋装 400mL	1.00	3.95	6	3	1.00
B 黄豆原汁酱油 420mL	1.00	6.40	12	6	1.00
A 餐餐酱油 350mL	1.00	3.45	6	3	1.00
A 酿造酱油 400mL	1.00	2.55	6	3	1.00
C 炒麦酱油 360mL	1.00	2.30	6	3	1.00
D 鲜味老抽 380mL	1.00	1.85	6	3	1.00
B 凉拌极鲜酱油 385mL	1.00	1.75	6	3	1.00
E 黄豆酱油 350mL	1.10	2.35	6	3	1.10
F 生抽酱油 400mL	1.20	2.10	6	3	1.20
G 酱油袋装 350mL	1.50	2.35	6	3	1.50
A 原汁酱油 420mL	2.20	3.60	3	3	2.20
H 黄豆酱油 1000mL	4.50	1.75	3	3	4.50
H 酱油 1000mL	7.20	5.50	4	4	7.20

（1）根据数据，绘制产品构成图。

横轴为产品价格，纵轴为陈列排面，如图 5-1 所示，可以发现整体呈左高右低平的发展趋势。

（2）上述表格中相关的价格带数据。

价格带（PZ）：0.90 ~ 7.20 元

价格线（PL）：8 条

价格点（PP）：1.00 元

价格区（PR）：0.90 ~ 1.50 元

（3）相关的分析图形分析结论。

以 1.00 元为中心，在其左侧点缀有 1 条价格线（PL 为 0.90 元），在其右

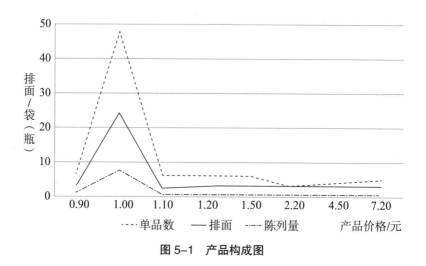

图 5-1　产品构成图

侧有 3 条价格线（PL 分别为 1.10 元、1.20 元、1.50 元）。

该产品构成图在 1.00 元左右形成最大峰值区，价格点左侧 0.90 元处有 3 个排面支持，右侧 3 条价格线的 9 个排面呈现缓慢下滑趋势。

2.00 元以上价位区共有 3 条价格线（PL 为 2.20 元、4.50 元、7.20 元），除 7.20 元为 4 个排面外，其余均为 3 个排面，有缓慢上升的趋势，但在图中 7.20 元没有继续发展延续。

（4）产品构成特点。

从整个品类的价格定位来看，主要集中于中低端，故在产品经营上有效仿折扣店的感觉。该品类的价格点为 1.00 元，所以 1.00 元左右为该品类的主打价位。产品开发的重点为此价格点附近的产品，同时该企业又不想放弃高端市场，故又在 4.50 元和 7.20 元之间推出高价位产品，但又不想给顾客造成贵的印象，因此陈列面数均锁定为 3 个排面，遗憾的是始终未能在高端市场形成第二个峰值区。如果大胆地充实产品形成第二个峰值区，使高端产品以一个价格区（PR）的概念出现，而不是以线（PL）的概念存在，不仅可以增加酱油的醒目度和魅力，而且还会增加毛利，改善酱油小分类在基础调味品品类的收益。

从第一个价格区到准备发展起来的第二价格区中有 2.20 元这一价格线，以 3 个排面的形式穿插其中，孤立于两个峰区之间，若仅仅是衔接则没必要，除非是特色产品，否则很可能遭到埋没。

由于该品类产品既想走折扣路线又想抓高端，而且在低端陈列上做得很大，有 11 个单品共计 36 个排面，高端市场仅投放 2 个单品共计 7 个排面，很有可能招来购买低端酱油的顾客，高端顾客群体很难形成。该品类应当大胆增加真正的高端区产品（含知名品牌的特色品），把高端特色峰值区做出来，同时增加高端品牌的小规格品，并将其渗透到低价位区，增加顾客对高端酱油的认知度和使用频度，培养和巩固高端产品的顾客。

如果将规格折算处理，会发现品类中所谓的高端产品从严格意义上讲并非高端。品类的产品几乎都是 500mL 以下的小包装产品，建议考虑增加其他规格的酱油品种，例如增加大规格（1000mL 左右）和更小规格（200mL 以下）的产品，这样可以兼顾家庭以及单身人员等不同动机和需求，增加顾客对非日常性产品的购买概率。

从品类所涉及的品牌来看，共有 8 个品牌，这 8 个品牌中既有全国性的大品牌，又有一些地方品牌，但是由于品牌过多，分散了各个品牌做大做强的机会。一个零售产品类包括了国际、国内、区域、地方各种层次的品牌是正常的，但应当注意各种品牌的开发引入比例和品种选择。在本案例中共有 14 个单品，其中本地品牌较多，外来品牌较少。从这样的角度来看，该零售商主要的顾客群体比较喜欢本地产品，外来的品牌销售不佳。

产品构成图的展示具有多面性，绘制产品构成图时，除了价位和陈列面数外，还可以对产品规格、尺码（如服装等）和陈列面等进行比较分析。同时，在使用产品构成图时，注意不要忽略产品的内涵，如酱油是纯大豆制品还是传统酿造。

5.3.2　制定产品价格策略的步骤

1. 确定定价目标

企业需确定定价目标，如实现利润最大化、市场份额最大化、稳定价格、短期利润最大化等。

2. 研究市场

了解市场需求和竞争对手的价格，确定主流价格带。

3. 确定成本结构

了解产品的生产成本和销售成本，并计算利润率。

4. 选择定价策略

选择合适的定价策略，如成本加成法、市场定价法、价值定价法或消费者心理预期法。

5. 考虑品牌形象

品牌形象对产品价格的决定也很重要，高端品牌的产品通常价格较高。

6. 考虑销售渠道

不同的销售渠道可能需要不同的价格策略。

7. 确定定价策略

根据以上因素，确定最终的定价策略，在定价策略的基础上，根据产品的定位和品牌形象等因素，确定产品的主流价格带。

8. 监测和调整

应该不断地监测和调整定价策略，以确保价格与市场需求和成本结构的变化相适应。

5.3.3 利用产品价格带制定产品价格的原则

（1）其他价格不变，只改变起卖价和封顶价，这样顾客就会觉得便宜了很多。

（2）企业的产品价格带之间的间隔距离要适中，起卖价和封顶价都要比大众心理价（产业价格带）低两个间隔，这样给顾客的印象就是这家店的价格总体上更便宜。

（3）产品价格带制定原则为：

①起卖价＜大众心理价最低价 × （80%~90%）；

②封顶价＜大众心理价最高价 × （80%~90%）；

③起卖价＜主卖价格带＜封顶价。

第二篇
企业转型升级

企业转型升级是企业随着技术的革新、市场的变化而变化的途径和方法。企业转型主要是指企业根据产业的转型升级和自身资源的积累，拓展新的产品线；企业升级则是企业根据产业的分化，为企业的产品系列和产品规格拓展提供良好的路径和方向。

第6章
企业转型升级是企业发展的主旋律

宝马汽车很贵，开的人却越来越多；夏利汽车很便宜，却将要被淘汰。诺基亚手机很实惠，已经倒闭了；苹果手机太贵，用苹果手机的人却越来越多。为什么？

因为客户买的永远不是便宜，而是产品价值。所以今天我们的产品不会因为它便宜就好卖，而要看它所能带来的价值，以及对客户生活的改变。如今单凭低价换市场，只能走向不归路，好产品不是贵在价格，而是贵在价值，价值决定价格。

新技术、新设备层出不穷，市场消费能力不断提高，消费者越来越重视价值而非价格。因此，企业应该研究并根据产业发展规律进行相应的转型升级，规划产品开发战略，提升企业的竞争能力。

⚙ 6.1 企业转型升级的内涵

企业转型升级是指企业通过业务转型、增长方式转轨和产品技术升级等方式，从低技术、低附加值向高技术、高附加值转变。转型升级的最终结果可以是企业跨界进入新的产业，也可以是原有主业的升级。企业的转型升级实际包括企业转型和企业升级两部分，其内涵不同。

企业转型一般指新产品线的拓展，也包括由于新技术或新材料应用跨界进入新产业，然后进行新产业的产品线拓展。例如，一个原来只生产轿车的汽车企业 A，随着汽车在中国市场的普及和自驾旅游的人越来越多，市场对 SUV 越野车的需求越来越大，通过评估自身企业的技术优势和生产能力，尝试开发并生产 SUV 城市越野车，拓展了企业的产品线，这属于企业的转型；

同样是原来只生产轿车的汽车企业 B，通过对产业发展的研究和自身技术优势的评估，认为未来新能源电动汽车的发展更适合自己的企业，决定进军新能源汽车领域，这也属于企业转型。另外，企业转型还包括改变企业经营的形态，进行产业战略或者市场战略的转移，如从外销型企业转向内外并重型企业。

企业升级则主要指新技术或新材料应用、新设计工艺的改变而导致的产品代系升级，既包括由低产品系列向高产品系列的延伸，例如比亚迪汽车公司今年推出了包含多项新技术、新功能的豪华 SUV 汽车——仰望 U8，从中低档汽车向 100 多万元的豪华车进军，拓展丰富了自己企业的汽车产品系列，就是典型的企业升级的例子；也包括产品规格拓展，丰富产品组合、提高产品协同和企业竞争力，新技术（数字化、智能机器人等）应用提高生产效率降低成本，管理创新（新流程、新工艺、数字化技术应用等）提升效率降低成本。

产业转型升级与企业转型升级的内容不同。产业转型升级包括产业转型和产业升级。产业的转型是指因为新技术或新设备、新材料、新模式等的应用而产生新产业；产业升级则是本产业中出现新的产品线，新品类丰富了产业系列和产品品质提升，以及新技术（信息化、数字化等）的应用实现产业效率提高、产品成本降低，如管理创新提升产品生产效率、降低产品成本、提升产品的竞争力。

因此，企业要想在正确的时间、正确的方向上实现转型升级提升企业的生命力，既要持续关注环境变化并据此进行战略转型，也要不断学习先进技术并据此进行技术升级。

6.2　企业转型升级原则与路径

俗话说："树挪死，人挪活。"在如今竞争激烈的产品社会里，靠吃老本长久发展的企业越来越少。在发展速度越来越快的今天，跟不上时代早晚要被淘汰。大小企业都应该居安思危，企业的转型升级就成了最好选择。

"怎么转，往哪边转"就成了关键问题。一些企业为了转型花了大代价最终柳暗花明，比如步步高转向了手机制造，并且还分出了 OPPO 和 vivo 两个知名品牌；但也有一些企业，转型之后反而倒闭得更快了。

20 世纪 90 年代，空调 A 公司是国内真正的老大。在赚了大钱之后空调 A 公司决定转型，空调 A 公司首先于 1990 年进军摩托车行业。20 世纪 90 年代，空调 A 公司的摩托车，以高颜值、新技术著称，也曾红极一时。

小小摩托没能满足空调 A 公司的野心。空调 A 公司斥资 7.2 亿元收购了当时亏损严重的某国内汽车品牌，组建了 A 汽车有限公司，主打中型货运卡车。

2001 年是 A 汽车有限公司最风光的一年，当时引入日本汽车公司技术生产的卡车，由于技术先进、乘坐舒适一度广受好评。2004 年公司趁势想与日本汽车公司成立合资企业，结果由于政策不支持以及汽车公司被吞并，再加上国内空调家电行业竞争日趋激烈，A 集团已经没有精力兼顾造车了。

2008 年，A 汽车有限公司的汽车正式被其他汽车品牌收购，从此成为了历史。这是很多政策因素的缘故，但更是自己技术储备、资源协同的问题。企业转型不仅要保证发展方向正确，还要规划发展节奏正确，防止不但新业务没有发展起来反而还拖垮母公司的悲剧发生。

企业转型升级一般需要遵循以下原则和路径。

1. 高层次产品优先

伴随着中国大环境的消费升级和供给侧结构性改革，产品优先向上升级，即优先向高档产品线拓展，提升产品的技术含量，发展战略型产品、形象产品，提升公司的品牌美誉度。

2. 高价值产品优先

优先向技术含量高的、功能型的产品线拓展。技术含量高、功能型产品是提升产品竞争力的有力方向，也是产品长久发展的法宝。

3. 能借力的产品优先

与原有业务相关性高，能够借力原有的优势和技术资源以及原来的客户或销售渠道的产品优先。

4. 利用产品拓展路径模型

利用产品拓展路径模型，由近向远、循序渐进地发展产品线。具体做法就是优先进行路径 1，即沿着老客户老渠道去逐步销售新技术新产品，因为老客户老渠道已经有一定知名度，优先让老客户试用新产品新技术，能够得到优化建议并容易推广；路径 2 是使用老技术老产品去逐步开发新客户和新渠道，因为老技术和老产品比较成熟，也积累了一定产品知名度，比较容易得到新客户和新渠道的认可，如果用新技术新产品优先在新客户新渠道上推广，不但困难大而且风险也比较大，除非是新公司。如图 6-1 所示。

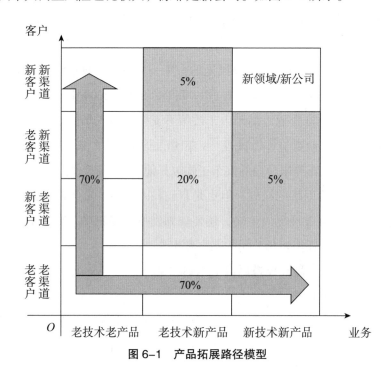

图 6-1　产品拓展路径模型

5. 产品具有可区别性

拓展的产品线、产品系列或产品规格必须与市场上原有的产品有足够的差异化和区分度。

6. 具有明确的目的性

企业决定按一定的售价来增加某一产品线时，一定要明确该产品一系列的目标界定，例如客户群定位、功能需求定位、价格区间、产品组合关系、是否与其他产品形成了竞争关系、产品的作战角色定位、产品的竞争定位、销售目标等。

7. 产品线的资源投入要遵循循序渐进的原则

首先应该遵循"721"原则，聚焦有竞争力的领域，重点突破有一定基础、成功率比较高的领域；对市场吸引力大、未来发展趋势好，且通过努力可获得关键技术优势的产品线进行布局；对于新产品线不要投入太大，要循序渐进，试探性摸索，渐渐清晰成功率越来越大的产品线；同时也要控制产品线发展的节奏。因为一个产品线的成功需要一定时间的积淀。

因此，企业的转型升级需要按照拓展路径和"721"原则进行，一个新业务需要一定时间的验证和成长，按照尝试、布局和聚焦的发展原则开拓，具体方法详见第 15 章。

第7章
企业转型：跨界进入新产业

企业转型包括跨入一个新产业和新产品线的拓展两部分。本章重点论述企业进入新产业领域的决策依据与选择策略问题，即新产业进入的条件以及新产业进入策略。

7.1 跨产业转型的发展路径

不同的产业、产品线或产品之间在技术、性能、材料、用途、渠道等方面有某种程度的关联，这叫相关度。

一个企业要计划进入一个新产业时，一定要考虑与原来产品具有多大的相关度，自己原有的核心竞争力是否能够在新产业的产品线中得到有效发挥，是否能与原来产品形成产品互补关系或有共同的使用场景等借力因素。

总之，进入一个新产业时，首先要分析市场环境和自己的优劣势，找出适合自己企业发展的相应策略，按照"布局—突破—聚焦"的发展路径，逐步增加投入，循序渐进地发展壮大。

进入新产业的发展模式一般有 3 种策略。

7.1.1 产品线特色化策略

产品线特色化策略是指在众多的产品线中，选择一个或数个有差异化的产品作为有影响力的产品去吸引消费者。

例如，伊利从牛奶产业市场计划进入冰品这个产业，即冰激凌市场。首先，作为一个挑战者采用的策略是产品线的特色化。在伊利决定进入冰品市场时，这个产业主要有3个细分群体：高端的市场已经被和路雪、雀巢这些国外的强大品牌占据着，市场上的零售价都在2元以上；低端的产品则是被区域化的、小型的、被消费者所熟知的雪糕厂占据，价格在0.5元左右；中间的市场，有一些少数的企业、合资品牌，或者本土的一些企业做少量的产品，价格一般为1元。当时中间的市场相对小，两头足够大，尤其是大量的低端市场，而低端市场又没有全国的品牌。面对这样的一种市场状态，伊利想以一个新进入者的身份确立自己在冰激凌市场上的品牌地位，并且获得持续发展的基础。它采用的就是产品线特色化策略，首先以一款产品切入中端市场，叫作"伊利苦咖啡"，里边是很多牛奶，外边裹着咖啡脆皮。产品一经推出市场就深受大众欢迎，原因是伊利并没有想在这款产品上赚钱，料用得很足，与高端的2元产品品质差不多。伊利的目的是通过这一款产品建立好的市场形象、品牌偏好。随着这个产品在市场上的推开，伊利开始切入冰激凌新产业市场。之后又推出第二款产品——小布丁，作为0.5元的低端价位产品。小布丁的战略定位是流量产品和阻击竞争对手产品，几乎在很短的时间内打垮了全国各个地方性的雪糕厂，因为没有人能够把五毛钱的雪糕做到小布丁这样的品质。小布丁这款产品对伊利而言也是战略产品，是站稳市场的产品，而不是利润性产品。伊利通过这样的两款产品的切入成功进入冰品这个新产业，完成了企业的升级。

伊利所采用的是产品线特色化的策略，从竞争对手的薄弱环节上切进去，迅速完成了在冰激凌市场上的布局，并且站稳了脚跟。

完成第一步布局后，伊利开始从特色化走向产品线的完整化，开始构建自己的产品集群。伊利冰激凌的产品线不断构建向上延伸的产品系列，如巧乐兹、四个圈和天然牧场。这些产品不断向高端产品系列的和路雪、雀巢发起冲击，并且不断去做一些变换以便吸引更多的消费者，带来销量和利润。当一个企业进入市场阶段，面对竞争环境差异、战略目的差异，应该采用不同的产品线策略，在特色化、完整化这样的不同产品线策略之间做出调整。伊利进入冰激凌新产品线的例子启示了企业如何从细分市场的角度来构建一个清晰的产品线，如何在战略的高度上思考产品线的策略组合。

7.1.2　借力合作策略

一个企业、一个产品单打独斗的时代早已结束。借力思维的一个技巧是跨界借力，通过与不同领域的人或企业合作，实现创新突破。跨界借力可以引入新的思维、技术和资源，帮助企业找到进入新产业的不同解决方案。

基于资源赋能的前提跨界合作，在客户资源共享上也能够为双方形成一个以产品为核心的闭环系统，从而与客户形成黏性，带来更多的销售机会。

异业合作、跨界营销，俨然已成为企业市场开发、商务拓展的重要手段方式。基于各行各业都处于产业转型阶段，竞争加剧将会成为常态。

跨界意味着需要打破传统的思维模式，避免单独作战，要寻求非业内的合作伙伴，发挥不同类别的协同效应，与异业企业合作形成"1+1 > 2"的效果。通过技术资源、产品资源、客户资源等的互帮互助，为双方提供价值。借力合作的内容有以下3类。

1. 跨行业合作

与不同行业的人或组织合作，可以共享彼此的专业知识和经验。在合作中，可以学习对方的独特思维方式和解决问题的方法，从而拓宽自己的视野，找到新的切入点。

2. 跨领域融合

不同领域之间的融合可以产生创新的火花。借助科技的进步和全球化的趋势，可以将不同领域的资源和技术结合，创造出崭新的产品、服务或解决方案。

3. 产学研合作

学术界和产业界的合作可以促进知识的交流和技术的转化。通过与大学、研究机构或实验室的合作，企业可以获取最新的科研成果并探索新的商业机会。

借力思维是一种高效解决问题的方法，也是创造价值的关键手段。在借力思维的最高境界中，能够与他人建立稳定的合作关系，共同开拓新的机会。

例如，新能源汽车 A 公司与河南矿车 B 公司于 2023 年正式成立新公司，新能源汽车 A 公司持股比例超过 30%，是公司的第二大股东。新公司将为电动智慧无人矿山的技术研发和产业推广提供全流程解决方案，其中就包括电动化无人矿车和无人矿山技术的研发。这意味着，新能源汽车 A 公司正式进军无人矿山这一新领域，加速向异业新业务的转型升级。

7.1.3　跨界产业融合策略

跨界产业融合是指不同产业领域之间的结合与合作，将制造业与其他行业进行有机结合，以推动技术创新和产品升级。这种模式可以充分发挥各行各业的优势，实现资源共享与优势互补，推动制造业的创新发展。跨界融合不仅能够提升制造业的竞争力，还可以推动经济结构的升级和产业转型。

制造业跨界融合的模式有以下 3 种。

1. 互联网与制造业的融合

互联网与制造业的融合是当前较为典型的跨界融合模式。通过将互联网技术与制造业相结合，可以实现制造业的智能化、网络化和个性化。例如，通过物联网技术可以实现设备之间的互联互通，提高生产效率和产品质量；通过大数据分析可以实现生产过程的优化与管理；通过电子商务平台可以实现生产与销售的一体化，提高市场反应速度和客户满意度。

2. 制造业与服务业的融合

制造业与服务业的融合是另一个重要的跨界融合模式。通过将制造业与服务业进行深度结合，可以提供全方位的解决方案和增值服务。例如，制造业企业可以通过为客户提供售前咨询、售中安装和售后维护等一揽子服务，提升客户满意度和忠诚度。同时，服务业企业可以为制造业企业提供营销、物流和品牌推广等支持，提升企业的市场竞争力。

3. 制造业与文化创意产业的融合

制造业与文化创意产业的融合是一种比较新颖的跨界融合模式。通过将制造业产品与文化创意进行结合，可以创造出具有艺术性和时尚感的产品。例如，将传统工艺和现代设计相结合，生产出独具特色的工艺品；将传统服装与现代时尚元素相结合，推出独特的品牌服装。这种模式不仅可以提升产品的附加值，还可以推动传统文化的传承和创新。

随着技术的进步和经济的发展，制造业将不断与其他行业进行跨界融合，推动产业的升级和跨越式发展。

例如，渝派家居的某代表企业，近年来正将文旅体验、农业观光等新业态植入新工厂，不仅按花园旅游式布局工厂，还打造了区域最大的楼顶菜园，有葡萄、柑橘和四季蔬菜供顾客采摘，希望打造市民的家居文旅体验打卡地。

7.2　跨界新产业发展方式

公司进入新行业或产业可以采用 3 种方式：收购、自建、合资或战略合作。

7.2.1　收购现有公司

收购是多元化发展最常用的手段，这不仅因为收购比自建更快，还因为采用收购的方式有利于公司克服进入壁垒。新的进入者一般会在掌握技术、建立采购关系、扩大规模、降低单位成本、降低广告与促销投入、进入销售渠道等许多方面遇到有形或者无形的障碍。无论是友好收购还是恶意收购，都能够使新的进入者在目标行业迅速实施战略和确立有利的市场地位。相反，如果采用自建的方式，新的进入者有可能经过几年才能够成为有效的竞争者，因为它需要用几年的时间去积累知识、资源、创造规模和品牌上的优势。

然而，发现一个合适的收购对象并不容易。在收购过程中，公司往往面临采用高价格收购一个好公司还是采用低价格收购一个不好的公司的两难选择。一般来说，如果公司拥有大量的资源，但是对准备进入的行业所知很少，那么它就应该采用前一种策略；如果公司具有改造公司的资源、知识和时间，那么后一种战略是一个比较好的策略。

进入成本检验要求被收购的公司所产生的预期收益应该为总投资带来有吸引力的回报。收购价格过高会使收购计划很难通过进入成本检验。例如，假定收购一个公司的价格是 300 万美元，这个被收购公司现在的自有资本是 100 万美元，税后收益是 20 万美元，即自有资本收益率是 20%。经过简单计算就知道，如果收购者希望保持 20% 的自有资本收益率，就必须将被收购公司的税后利润提高 3 倍，而实现这种任务可能需要几年的时间或更大的投资。如果一个被收购公司非常成功或具有很好的增长潜力，那么其股东就会要求收购者支付更高的价格，而这种收购计划就很难通过进入成本检验。一个成功的多元化经营公司不能够总是指望自己在理想的行业中以理想的价格收购到理想的公司。

7.2.2　企业自建

通过企业内部自建方式实现多元化发展需要自己投资建立一个全新的子公司。这种跨界进入一个新行业的方式比收购需要的时间更长，也会遇到更多的麻烦。一个新组建的企业不仅需要克服进入壁垒，还需要投资新的生产设施、新的采购渠道，雇用和培训新员工、建立新销售渠道、开拓新顾客群等，甚至成立新的技术研发团队开发新产品。一般来说，通过自建方式跨界进入新行业只有在下列情况下才是可行的。

（1）具有产业强相关性。总公司已经拥有部分或者全部组建新的子公司所需要的技术能力和资源，而且有可能实施有效的竞争。

（2）时间成本不高。有足够的时间去进入新的行业。

（3）具有成本优势。内部自建成本比外部收购低。

（4）具有竞争优势。目标行业内部已经存在的大多数是中小公司，新建立的子公司不必与大公司进行正面的对抗。

（5）增加新的生产能力不会显著影响新行业的供求平衡关系。已经存在于行业中的公司不能够对新的进入者采取快速和高效率的反击。

7.2.3　合资或战略合作

合资是指建立一个由战略伙伴共同拥有的新实体。虽然通过建立合资企业的方式跨界进入新的行业可以使合作双方利用各自的优势去抓住共同感兴趣的机会，但是很少有公司采用这种方式进入自己的战略或者核心业务。现在，战略伙伴或战略联盟已经代替合资公司成为更受欢迎的方式，它们都能使公司把握具有战略意义的多元化发展的机会，因为往往需要引进两个甚至更多的合作伙伴，同时需要具有比合资公司更大的应变能力，以应对越来越迅速的技术和市场条件的变化。

战略合作或者合资至少适用于以下 3 种情况。

（1）建立合资公司有利于把握那些对个别公司来说过于复杂、不经济或者风险太大的机会。

（2）跨界进入新行业所需要的竞争力或者技能超过了任何一个单一公司所实际拥有的水平。例如在卫星通信、生物技术以及网络系统方面存在着许多机会，但是把握这样的机会需要硬件、软件和服务等多方面的能力，涉及财务、技术、政治以及法规等多方面因素。在这种情况下，把两三个公司的资源、能力整合在一起，才可以拥有成功所需要的能力。

（3）合资有时候是一个公司进入外国市场的唯一方式，尤其是外国政府要求新进入公司必须挽救当地公司的时候。例如，中国政府只容许几个外国高铁制造公司以合资的方式进入中国高速铁路行业；同样也只容许奥的斯、瑞士迅达、三菱 3 个公司进入中国电梯行业，而且必须与当地公司建立合资公司，虽然后来其他公司也被批准进入中国市场，但是前 3 个公司已经具备了市场优势。建立与当地公司的联盟关系已经成为全球化公司偏爱的一种投资方式，不仅可以利用其在新的外国市场上建立桥头堡，还有利于突破关税壁垒和配额限制。当地合作伙伴可以提供有关当地市场、地方习惯、文化因素和顾客购买行为方面的信息，还可以提供当地管理与营销方面的人才。而当地公司建立合作伙伴的作用就在于，能够获得突破当地市场和有效地服务于当地市场所需要的专业技能、特殊知识和资源。

一旦外国合作伙伴获得了开拓当地市场所需要的经验与信心，那么它对当地合作伙伴的需要或者依赖就会下降，双方的合作关系是否需要继续保持就会成为新的战略问题。这种情况普遍存在于全球化制造商与地方分销商所建立的战略联盟之中。建立合资公司一般被认为是最不具有持续性的进入方式。日本汽车制造商就放弃了在欧洲的销售合作伙伴，建立了自营的销售网络，而宝马公司在日本几乎采用了完全相同的做法。合资公司所具有的临时性特点并非总是缺点，例如一些地方的合作伙伴就通过与全球化制造商的联盟掌握了技术和关键的竞争技能，而后再利用所学习的知识进入国际市场。

7.3　新产业发展潜力评估

如今新产业层出不穷，对于一个企业来说，是不是每个新产业对自己都是好的跨界转型升级的机会呢？这需要对新产业进行价值评估。

7.3.1　适合早期进入的新兴产业

适合选择早期进入的新兴产业的不同情况包括以下 3 种。当下列基本情况具备时，早期进入是适当的。

1. 企业形象和声望影响顾客购买行为

企业的形象和声望对顾客至关重要，企业可作为先驱者提高声望。

在某个特定的新兴产业中，顾客是不是愿意购买你公司的产品，评判的主要依据就是企业在产业中的形象和声望。顾客认为谁的形象好就购买谁的产品，谁能在顾客心目中早早树立鲜明的形象，形成自己的声望。就会在市场竞争当中占据主动地位。企业越早进入这个产业，就越早领先于竞争对手在顾客心目当中建立自己独特的鲜明形象，建立自己的声望，帮助自己获得竞争优势。

2. 利用学习曲线效应

产业的学习曲线很重要，经验很难模仿，并且不会因持续的技术更新换代而过时，早期进入产业可以较早地开始这一学习过程。

学习曲线表现为随着企业累计产量的不断提高，企业生产的产品平均成本不断下降。如果企业要想获得成本方面的优势，就需要不断地提高累计产量，那么越早进入该产业就越早开始生产，累计产量才会越高，才会更容易领先于竞争对手。如图 7-1 所示。

产业的学习曲线、企业积累的经验一般很难被对手模仿。如果经验很容易被对手模仿学习，那么企业也就很难获得竞争优势。同时，竞争对手通过采用最新的技术带动自身成本产生了更大的降低，那么企业凭借累计产量提高获得的经验所带来的成本下降优势就没有了。

因此，早点开工，不断提高累计产量，能够增加累计产量来获得学习曲

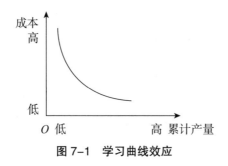

图 7-1　学习曲线效应

线，以获得足够的经验，帮助降低成本；同时，企业所获得的经验或积累很难被对手轻易模仿复制；并且对手不会因为采用最新的技术而取代企业积累经验带来的好处。这 3 个因素同时满足了，这个企业才适合早一点进入该产业。

3. 早期与原材料供应、分销渠道建立的合作关系对产业发展至关重要

原材料供应对企业而言是一个很重要的资源，分销渠道同样是一个很重要的资源。所以在这种情况下，如果一个企业选择早一点进入产业，就意味着它会领先于其他企业，先和原材料供应商、分销渠道建立起良好的合作关系，这种紧密的合作关系可以帮助企业在新兴产业未来发展当中占据很强的竞争优势。

因此，从企业资源能力的价值链分析理解，如果早一点进入新兴产业，和上游、下游建立起比较紧密的关系，并且领先于其他企业，这方面优势对于企业在后期产业发展中获得竞争优势至关重要，就可以选择早一点进入产业，把上下游关系早一点建立起来。

7.3.2　新兴产业发展潜力评估

新兴产业是指在技术、市场和政策的推动下，新增加的具有良好发展前景和较高经济效益的产业。对新兴产业的发展潜力进行评估和鉴定，对于企业发展战略决策具有重要意义。新兴产业发展潜力评估方法包括以下 7 个方面。

1. 市场需求指标评估

市场需求指标评估是新兴产业发展潜力评估的重要环节。首先，需要研究产业发展规律和发展阶段，产业的不同发展阶段具有不同的发展特点和增长趋势。其次，需要对新兴产业目标市场的现有规模和未来增长率进行研究分析，了解市场的容量和增长潜力，这是决策是否跨界进入该新兴产业的重要依据。再次，需要了解市场需求的多样性和变化趋势等，以及目标市场的消费者需求和行为习惯。最后，需要结合政策、技术变革和社会趋势等因素，综合分析市场需求的可持续性和发展趋势，评估新兴产业的市场需求前景。

2. 竞争环境评估

竞争环境评估是评估新兴产业发展潜力的重要一环。新兴产业通常处于初创阶段，面临着激烈的市场竞争，需要通过评估竞争环境的激烈程度和竞争优势，来判断新兴产业的发展潜力和竞争力。首先，需要对目标市场的竞争格局和行业竞争状况进行分析和研究，了解市场的主要参与主体、市场份额和市场定位。其次，需要评估新兴产业的竞争优势和差异化能力，包括技术优势、品牌优势、渠道优势和成本优势等方面。最后，需要分析市场的竞争力和潜在竞争威胁，评估新兴产业在竞争环境中的地位和发展前景。

3. 技术创新评估

技术创新是新兴产业发展的重要驱动力。评估新兴产业的技术创新能力和创新环境，对于判断新兴产业的发展潜力至关重要。首先，需要对新兴产业所涉及的核心技术进行深入研究，了解其技术属性、技术前沿和技术可行性。其次，需要评估企业进入新兴产业时在技术研发、成果转化和应用推广方面的能力和资源情况。最后，需要结合技术创新政策和市场需求，分析技术创新的发展空间和产业链的完备程度，评估新兴产业的技术创新潜力。

4. 政策环境评估

政策环境是新兴产业发展的重要支撑和保障。评估新兴产业的政策环境，既可以从宏观政策和政策导向的角度分析，也可以从政策执行和具体措施的角度来考察。首先，需要了解政府对新兴产业的支持政策和措施，包括财政支持、税收优惠、科研项目资助等。其次，需要评估政府的政策执行力和政策推行效果，如政策实施情况等。最后，需要考察政策的稳定性和可持续性，评估政策环境对新兴产业发展的未来影响和支持程度。

5. 产业价值链评估

新兴产业通常涉及多个环节和多个参与主体，需要通过评估产业链的完备程度和协同效应，来判断新兴产业的发展潜力和竞争力。首先，需要对新兴产业所涉及的各个环节和参与主体进行分析和研究，了解其组织结构、功能定位和相互关系。其次，需要评估产业链的完备程度和协同效应，包括产业链节点之间的配套和协调程度，以及产业链上下游企业之间的合作和竞争关系。然后，需要分析产业链的可持续发展能力，评估新兴产业在产业链中的位置和发展前景。

6. 风险评估

新兴产业发展具有一定的风险性和不确定性，需要通过评估风险的类型和程度，来制定风险防范和应对措施。首先，需要对新兴产业所涉及的风险进行分析和研究，包括市场风险、技术风险、政策风险和管理风险等方面。其次，需要评估各个风险因素的重要性和潜在影响，以及风险的发生概率和损失程度。然后，需要制定风险防控和应对策略，建立风险管理体系，提高新兴产业的抗风险能力和适应性。

7. 经济效益评估

新兴产业的发展潜力主要体现在其带动的经济增长和行业利润率，需要通过评估经济效益的规模和贡献，来判断新兴产业对经济增长的拉动效应和经济效益的可持续性。首先需要评估新兴产业对相关产业和区域经济的拉动效应，包括产业链的扩展效应和产业集聚的促进效应等。其次，需要评估新兴产业的经济贡献和市场领域的消费支出，分析经济效益的可持续性和发展潜力。

通过综合考虑市场需求、竞争环境、技术创新、政策环境、产业链、风险和经济效益等因素，可以全面评估和鉴定新兴产业的发展潜力。

7.3.3 进入新行业的机会分析模型

很多企业投资或跨界进入新产业的行为是跟风式的，缺乏对新产业深入的研究和对自我核心竞争力的判断，仅仅看当下这个新产业赛道成为了"风口"就跟风进入，但往往一个产业变成众人皆知的"火爆机会"时，其实可能已经是一片红海了。因为在你发现这个行业火爆时，已经有数个先行者默默耕耘了三五年，甚至十多年的时间，成为行业里的头部品牌，获得资本青睐，从而大力发展扩张，有了一定的品牌忠诚度。对于新进入的企业而言，面临的竞争异常激烈。有时这个新"风口"其实不适合自己企业，与自己原产业的相关性不大，这时贸然跟风进入一个新产业且发展节奏把握不好，不但没能提升自己企业的生命力，反而会把自己拖入"万丈深渊"。

企业想进入新行业，主要看哪些方面？

企业进入新行业，其实是一种战略选择，因此，并不能仅仅只考虑"风口"这个维度，而应该综合多方面进行考虑，如图 7-2 所示。

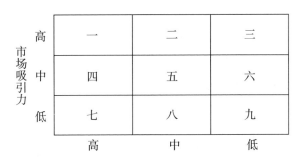

图 7-2　新产业机会分析模型

在选择是否要进入一个新产业时，首先分析企业的外部环境，即分析模型的纵向维度——新产业的市场吸引力。市场吸引力大概可以从市场容量、市场复合增长率、市场竞争集中度、新产业所处生命周期或发展阶段、市场进入和退出的门槛、行业利润率、可能风险等方面分析。这些方面需要企业在决定投资之前做非常详细的调研。

新产业机会分析模型的横向部分是企业自身的竞争地位，主要是企业对行业的熟悉程度和相关度，是否有行业领先的技术或专利，是否有超越竞争对手的优势能力、是否有成熟的团队、营销和运营能力如何等。

通过新产业机会分析模型定位研究，如果横坐标、纵坐标都处在高位，例如定位在第一、第二、第三、第四、第五、第六区域，那么企业应该采取不同的策略进入该新行业。

一般而言，企业跨界进入新产业，可能不会在非常理想的状态（新产业机会分析模型第一区域），尤其是对于所谓"热门""风口"的赛道。往往企业跨界转型升级，意味着对新行业是外行，没有行业领先的技术或专利或熟悉该行业的成熟团队，企业主要研究与新产业的相关度。

（1）企业现有核心产品的目标人群、忠诚用户与新行业的主要人群是否匹配。

（2）现有的销售渠道与新行业的消费渠道是否匹配。

（3）企业是否具备通用的运营能力，如品牌运营能力。

（4）企业是否在供应链某环节与新行业是共通的，即原有的供应商也可以成为新行业产品的供应商。

（5）企业是否有充足的现金流可以做两三年的布局试错。由于进入新行业，难免在前期比较缺乏经验，即便是引入专业团队、寻找合作伙伴或联盟等工作，都可能会有试错的时间，所以企业具备充足的现金流是非常必要的。

综上所述，企业跨界进入一个新行业、新领域，创造新业务，是企业发展壮大的需求，但如何科学有效地分析进入新行业的成功率，制定可行的路径和策略，是企业在作出决策前不可或缺的重要一环。

7.4 新产品开发战略选择标准和策略

如何保证跨界进入新产业的产品开发战略的拓展方向正确呢？新产品线拓展的条件分析要关注资源协同性，包括资源（技术）协同、场景协同。

1. 资源（技术）协同

企业是否跨界进入一个新产业，实施多元化，首先要看资源能否协同，即企业生产上能否共用技术、产品平台、原料、生产线、研发人才，销售上能否共用渠道和销售团队。

例如，霸王洗发水推出霸王凉茶，从企业决策上来讲就是为了共用中药材原料；钟薛高作为冷饮企业，推出理想速冻水饺品牌，就是为了共用冷链资源，夏天卖冷饮，冬天卖速冻……还包括向产业链上下游进行延伸，如比亚迪既生产电池，也生产新能源电动汽车。

2. 场景协同

借助品牌的能量，能够跨越单一品类，跃迁到整个用户的生活场景中去，比如苹果品牌旗下有手机、电脑、平板、智能手表、耳机等，而这些产品都能融入同一消费场景，并且彼此连接。

假如苹果公司推出苹果牌化妆品、苹果牌服装，应该不会成功，因为不在同一消费场景下，品牌价值和品牌联想无法覆盖。当然，可穿戴的智能服装除外。再如宝洁，宝洁的战略不是聚焦品类，而是聚焦于顾客浴室一平米的场景。顾客的浴室会出现哪些产品，宝洁就生产、销售哪些产品。

从 2005 年开始，宝洁公司就在不断剥离食品品牌、宠物护理品牌，前前后后一共砍掉和出售了近百个品牌。2012 年，宝洁将旗下拥有 40 年历史的薯片品牌品客出售给家乐氏公司，彻底剥离了食品业务。最后，宝洁完全聚焦在个护、清洁和化妆品业务上，锁定浴室这一核心场景。

因此，制定新产品开发战略要看新产品与原有产品的协同性，只能优先拓展或开发协同效应比较好的产品线。但这不等于不进入协同性小的产业，如果公司有这方面的资源并且产业细分市场的吸引力巨大，那么完全可以进入该新产品线，但要制定科学的发展路径和策略，保证企业发展节奏正确。

第8章
企业转型：产品线拓展

公司不断发展壮大的过程，实际上主要是产品线和产品系列不断丰富、拓展的过程，也就是企业根据产业发展规律进行相适应的产品线拓展和升级。但是有些公司往往急于做大规模，盲目扩张给企业带来灾难性后果，这主要是产品线的规划方向和发展节奏没做好。

产品线发展是有规律的，在企业的发展壮大过程中不得违背产品线规划的规律和原则。如何推出新产品？产品线规划要确保新产品的发展方向正确。

1. 确定产品发展方向

首先研究产业发展阶段和产业分化趋势，画出产业成长地图；结合企业自身优势分析产品线发展机会，确定新产品定位及方向。新产品可以是产品线长度的延展，也可以是产品线深度的进一步开发。产品的方向正确就是通过产品线规划找出公司发展有哪些机会点，并通过分析和排序选择最佳机会点，再从事研发。另外，这些机会点与原产品不是冲突，而是互补关系，形成良好协同效应的产品组合。

2. 明确新产品开发的市场目标

或开发新市场，或提升品牌影响力，或提升产品竞争力，或提升产品盈利水平，或提高市场占有率，或抵制竞争对手，或打击竞争对手，这都是新产品开发的市场目标。

3. 明晰新产品在产品组合中的功能定位

明确做形象产品、流量产品、替代老产品的系列产品、攻击型产品，还是防御性产品；明确与原有产品是竞争关系还是互补关系，并设计好竞争产品的区隔策略或互补产品的协同策略。

因此，产品开发战略分为两部分。

一部分是产品线规划、产品系列、产品规格的拓展都要与产业的发展阶段和分化规律相匹配。一个科学合理的产品线开发战略应基于该产业当前或未来一段时间的成长地图。产业成长地图和市场不断细分趋势是企业制定最深远的产品开发战略的决策依据，即明确界定产业产品线的范围能够发现市场中需要哪些尚未开发出来的产品，从而对产品线进行针对性的扩展，快速填补空缺。简言之，前瞻性的产品开发战略能够使企业掌握自己的命运。

另一部分是全产业的产品线、产品系列和产品规格等，应该按照各种分类去建设，或者说产品线的长度、宽度和深度应该按照适合的方式或路径去发展。那么每个产品系列和产品应该赋予何种产品定位，不同的发展阶段应该赋予何种角色，产品组合应该怎样设计？产品线的发展路径设计，就像一个国家要打赢现代化战争，应明确需要哪些军种，各种军种的编制，各种军种如何进行协同作战，以及针对以后各种不同战役如何排兵布阵。

产品开发战略如同一个国家的军队建设，最理想目标当然是所有的现代化军种和各种新式武器都要建成。然而，一个国家在不同的发展阶段，技术实力不同，经济实力不同，可投入资源有限，如何发展自己国家的军队实力，也就是说先发展哪几个军种并如何打造自己的军队，以怎样的发展节奏和顺序，需要考虑自己的技术实力和竞争优势，更要使用科学合理的发展节奏和发展顺序。如果急于求成或发展顺序不合理，则会带来灾难。

总之，应该基于产业的理解及产业目标市场或潜在目标市场的透析，结合企业自身优劣势的认知，作综合考虑与判断，进而确定企业产品的市场定位、产品定位、产品核心价值。

8.1　基于产业分化创新品类

根据产业发展周期理论，产业发展规律是不断分化演变的，其产业结构体系也会随着产业技术发展、消费者的需求变化而不断丰富细分。因此，企业的转型升级要时刻关注和跟踪产业的产品结构体系及其未来发展趋势。

企业的转型升级规划要先把本企业所涉及产业未来 3~5 年的产业成长地图绘制出来，再根据企业发展和资源优势现状，评估并规划企业转型升级的路径和发展定位。

　　任何企业所提供的产品或服务，都是为了满足特定的用户需求。产业发展初期，可能只是满足单一场景下的用户需求，而后延展至关联的多场景，甚至延展到建立产业生态，比如从线上打车工具演变为出行平台的滴滴出行，又比如从最早的线上批发市场演变为当前"新零售生态圈"的阿里巴巴。

　　当前，信息时代产业演变如此之快，没有谁能一眼看穿全局、全时间线的演变路线，但只有尽可能透彻地理解所在产业的运转规律，才可能作出更准确的预判，更合理地指明产品的核心用户群体，确定产品在产业成长地图中的位置、角色与角色演变方向，这也包括具体应用的创新模式，比如新技术的应用等。只有这样才可能使企业持续有效地增长和进化。

　　产业成长地图是阶段性的，随着产业发展和未来市场细分，产品线、产品系列和产品规格越来越丰富，产业成长地图也就会越来越完善。只有构建出当前和未来 3~5 年的产业成长地图，并结合企业的资源优势构建规划企业的产品体系，才能制定出适合的产品开发战略和发展节奏。

　　因此，根据产业发展的分化规律，构建出产业未来 3~5 年的产业成长地图是企业产品开发战略规划的基础。

　　如何通过产业分化规律开辟新产品线呢？——品类创新。

　　消费者面对成千上万的信息，习惯把相似的产品进行归类，且通常只会记住该类产品的代表性产品品牌。消费者心智对信息的归类称之为"品类"。

　　品类应该是消费者需求产生之后，通过其大脑特有的认知所表达出来的产品分类。品类是需求与认知相结合的分类，如图 8-1 所示。

图 8-1　品类与需求和认知的关系

　　例如消费者产生买车的需求，如果是需求或认知比较侧重驾驶，头脑中一般会想到宝马汽车；侧重乘坐，则可能想到奔驰汽车；侧重全尺寸大空间

SUV，则可能想到凯雷德或萨博班汽车。

因为需求不同，或认知不同，汽车产业不断分化、细分产生了各种不同的汽车品类，例如货车、客车、轿车、越野车、SUV、客货两用车等。故可以用品类抓住消费者的需求与认知，成功定位于消费者的大脑之中，产生需求时能够被想到、被重视、被选择。

一个企业在产品开发战略规划或产品线的拓展中一般有两种品类策略：开创全新独有品类和在已有品类中创建独有特色。

8.1.1　开创全新独有品类

所谓"开创"，就是从 0 到 1，即在原有品类中从无到有开创了一个全新的品类，往往是在原有品类中增加新元素，赋予新功能开创一个新产品线。例如从牛奶的品类中开创出燕麦奶，从水的品类中开创出气泡水、碳酸饮料、茶饮料、植物蛋白饮料等。创造独有的品类就是作该品类的开创者，成为该品类的龙头老大。

如何把握住新品类以及创造新品类呢？

可以基于产业成长模型，用填补产业成长地图的方法去创造新品类。根据产业分化规律构建出未来 3 ~ 5 年的产业成长地图，与当前产业地图进行比较，找出那些现在"空白"的产品线或产品系列作为产品品类机会。通过评估这些品类机会的价值和成熟度，排序投资开发的路径和时间。创建全新品类的思考路径有技术、需求和认知 3 个维度。

1. 技术开创新品类

根据产业成长模型可知，技术是产业成长和发展的根基。技术创新是实现价值创新的手段之一，也是实现品类创新的手段，例如纯果乐通过巴氏瞬间灭菌法开创了真正新鲜橙汁品类。

技术创新的新品类何以能够成功与壮大？因为技术的不断进步开发出新功能的产品，更好地满足了消费者的需求，拓展了需求的维度。例如，最开始人类有沟通与传播信息的需求时，只能口口相传，后来技术进步，可以通过电话和短信，再后来 QQ 和微信进一步、更好地满足了人们的需求。

2. 需求的新趋势

随着社会进步和消费能力的提升，产业市场规模越来越大，高层次需求逐渐得到开发，市场容量不断增加使得市场细分更有价值，为产品分化开创新品类提供了可能。例如，水产业的发展就是随着市场规模的越来越大，瓶装水产品不断细分，从纯净水不断分化出矿泉水、抗疲劳的红牛、败火的王老吉、补充矿物质的脉动等。

社会、技术的不断发展与进步也带来很多的问题，如环保问题、健康问题等。因此也产生了很多解决这些问题的新概念：有机、低碳、低糖、不含脂肪等。

此外，发现全新需求、建立新品类，能够避开老品类用时间积累起来的优势，获得抢占消费者心智的机会。

比如速食拉面品牌拉面说选择了一个独特的赛道——"传统方便面打不上来，外卖又很难比这便宜"的细分市场。它生生地从巨头把持的方便速食产业，撕下了一个高端细分市场，杀出了一条生路。康师傅与统一这么多年不遗余力地扭转的"不健康"泡面形象，被拉面说实现了。让消费者不用去拉面馆，在家也可以吃出高级仪式感，迎合了那些对美食讲究却又懒得动手的都市年轻人的需求。

从需求视角出发，有些趋势是会长久存在的，例如方便的趋势、健康的趋势、纯天然的趋势等，关键在于能不能放大问题点，制造冲突，借用旧的品类使新品类迅速崛起。

3. 认知开创新品类

在认知上开创一个新品类，快且有效的办法就是与领导品牌制造冲突。

一种情况是开创市场中有但心智中没有的新品类。

当前有很多品类是没有领导品牌的。想要在这些固有的品类当中，创建领导品牌，以达到收割品类的目的，关键在于消费者的认知与价值观。

例如在大家对厨房料酒的需求开始重视和稳步上升的时候，料酒品类中并没有一个领导品牌。消费者需求是存在和慢慢增强的，但其认知却是模糊的，不知道什么样的料酒是好料酒。想要迅速地树立某品牌料酒是好料酒的认知与实现品牌壁垒，最好的办法就是制造冲突与树立新品类的产业标准。

某品牌料酒先是喊出"不是带个'酒'字就可以用来烧菜"的口号，直接与其他杂七杂八的料酒品牌创造冲突，一步深入消费者的认知；而后树立自身"正宗料酒，烧菜才香"的品牌标准和壁垒，先入为主，抢占并强化消费者认知空地。消费者先入为主地认为你是真料酒，那他就会把你当作产业标准。

另一种情况是借力固有认知，开创新品类。

找到消费者的固有认知或领导品牌无法反击的点，将其优势认知变为劣势认知，形成新品类。

例如百事可乐与可口可乐制造冲突，把可口可乐是经典可乐的优势认知转化为是老掉牙的可乐的劣势认知，建立自己年轻可乐的品类。

再如青花郎成功将自己定位为中国两大酱香白酒之一。强化"赤水河东岸诞生了茅台酒，赤水河西岸诞生了青花郎，这就是中国两大酱香白酒"的概念。青花郎成功地将自己与国酒茅台放在了同一层次，形成强关联，建立起强有力的认知。

茅台能够反击吗？不能。茅台只能免费地被青花郎借用。如果茅台反击，那就坐实了青花郎是中国两大酱香白酒之一，正中青花郎的下怀，越炒两大酱香白酒的概念传播得越快。

同样，六个核桃也是借用人们固有认知的典型。六个核桃最开始只是植物蛋白饮料，但核桃的核心价值是补脑，该认知是正确的，不需要教育用户，而且补脑的需求又是刚需的、广泛的。六个核桃巧用认知开创新品类，抓住需求与认知的高地，投入压倒性的资源，结果 2013 年销售额破百亿元，成为中国单品饮料王。

因此，新产品开发定位本质是找到差异化的价值点。在传统品类里找不到的时候，就需要开创一个新品类，创造一个新价值，从而得到一个差异化的点，以此抢占该领域的用户心智，成为品类的创新者、颠覆者，直至成为领导者。

8.1.2　在已有品类中创建独有特色

品类有不同的层级。一般大品类指产业，小品类才是产品线内根据功能、使用情景等因素分离出来的一个个小的市场细分。现在的品类创新往往是产品线内的品类。也就是说一级品类是产业，二级品类是产品线，三级品类才是我们产品品类创新的主阵地。

因此，产业内的品类有两种：一种是大品类，新的需求需要新技术和新功能的品类，形成一个新的产品线，再细分为多个产品系列，例如客货两用车从客车和货车中分离出来，城市 SUV 从客车和越野车中分离出来，形成新的产品线，进而培育多个品牌；另一种是小品类，同属于一个产品线，是产品线同一个系列根据附加条件生成的品类，往往是在同一个实用功能下附加功能或情景而生成的小品类，例如洗发水中附加去屑功能的海飞丝、柔顺功能的飘柔等，饮料中的运动性功能饮料脉动、附加防上火功能的王老吉、附加解乏功能的红牛等。

产业发展成长过程就是产业产品线地图不断完善的过程，也是产品品类不断细分和丰富的过程。直到产业产品线或产品系列品类细分更加丰富，最终形成产业品类的茂盛"大树"。

技术创新或新技术的应用最终打破原有的品类形成新的大品类，直到发展成为一个新产业，再进一步细分，不断分化、丰富新的产品品类，形成新的产业"大树"。也就是说随着新技术的创新和应用，新产品不断开发、丰富的过程就是市场不断细分，产品品类不断分化、丰富的过程。

所谓分化，就是从 1 到 N。也就是说大品类已经有了，但是这个品类可以通过组合创新或聚焦分化出各种更加细分的品类，往往是分化出一个产品系列或产品规格。比如在瓶装茶饮里，组合或聚焦分化出真茶、原茶、果汁茶、奶茶、气泡茶等。

品类分化或产品系列分化，大部分是以价格分化、功能分化、体验分化进行品类创新。传统品类创新的底层逻辑则是从产品角度出发，从品牌自身角度去创新，即自己有什么产品、什么功能，找到用户的心智空白，然后给一个新的名词，抢占一个"第一"，聚焦一个功能，专注一个产业。比如，送礼的脑白金、杯装奶茶开创者香飘飘、有机牛奶金典、白酒价值典范剑南春等。

这种创新逻辑，针对传统的市场、单一的媒体、同质化的大众消费者，效果明显；面对新消费人群、个性需求和消费主权、移动碎片和多元媒体，可以说毫无作用。

新消费人群，并不注重你的"第一"、你的专业、你的功能，而在乎解决自己在某些场景下的某些问题，其他人在什么场景下使用以及评价如何，宣称的"第一"和宣传的功能的来源和出处，以及价值观是否合拍。

现在的品类创新应该进行有效的分化，要研究用户在不同的场景下使用产品或服务要解决的事情，即需求在先，场景体验在中，产品在后。

抖音、微信、支付宝、美团，你会认为它们是以品类创新制胜和高速成长的吗？从本质上看，它们和新消费品牌从 0 到 1 都有同样的逻辑，即洞察消费需求变化，以价值创新为纲，以体验为入口，连接人与场景，专注用户进步。

在新消费品品牌的崛起过程中，"跑马圈地"进行扩张的时代正在逐渐结束，现在的创业者和资本都偏好于能从细分品类切入市场、有足够差异化来支持甚至独立形成新品类机会的品牌。聚焦一款产品、锚定一种风格、抢占一个品类，更容易在小众群体中引爆。

现在大部分企业开始抛弃过去按年龄、收入等标准划分客群的方式，从更细致的维度给消费者贴上各种各样的标签：新的用户人群（如 Z 世代、单身、中产、精致妈妈），新的使用场景（如养生、熬夜、一人食、健身），新的产品需求（如成分党），新的情感需求（如炫酷、颜值主义），等等。

品类卡位是为了挖掘自己独特的价值，不是为了细分而细分。企业进行品类创新有 2 个核心要点。

1. 需求分化

通过分化在现有市场上开创新品类，切分现有品类的市场份额，包括分化价值、分化人群、分化场景、分化使用方式。真正有效的细分需要通过场景和用途（功能），深入研究消费者在不同的场景下使用产品要达到的目的，即需求在先，产品在后。

就像沃尔沃，是先有安全还是先定位市场？先有安全。奔驰适合乘坐，宝马适合驾驶，沃尔沃则是安全，安全最适合卖给谁？家庭。

另一个案例是小熊电器。在小熊电器的产品线上，我们可以看出品牌对消费者的极致洞察。首先，它满足了年轻人的细分需求。工作中的年轻人压力越大，回归到生活中就越"懒"。对于小家电，简单便捷是第一诉求，比如榨汁机、面包机、煮蛋器、养生壶等，都满足操作简单、功能细分且场景化强等属性。越来越多年轻上班族开始选择自带午餐，但一大痛点是微波炉的加热容易造成食物水分和口感的流失。于是小熊电器研发了电热饭盒，除了能蒸饭、蒸菜还能煮汤。这体现了小熊电器在洞察用户需求之后，在产品研发时不仅仅停留在某个功能的改变，更多的是一种新品类、新生活方式的挖掘。

案例分享

以我们常吃的榨菜品牌A公司为例。尽管A公司将榨菜作为立足之本，但是毕竟榨菜是一个小品类，无法承载推动A公司持续做大做强的重要任务。因为在消费者心中榨菜就是用来吃粥、下面的小菜，其核心价值在于调节清淡的饭菜，增加食欲。正是因为这种认知与用途，榨菜的使用范围、数量和频率都存在一定的局限性，难以实现爆发性的增长。

为了实现整体业绩的突破，A公司一直在寻求从榨菜延伸到其他品类的机会。其在几年前明确了打造"佐餐开胃菜第一品牌"的战略目标，要从榨菜单一市场扩展至整个佐餐开胃菜市场。为了实现这个战略目标，A公司积极开发了新品海带丝、萝卜干，同时逐步向红油、豆瓣、泡菜等植物调味品。

不少企业的细分品类发展到一定的阶段，都会一样面临扩大品类的问题。

2. 品类产品系列化

品类产品系列化是指围绕某个主打核心产品构建一个产品系列，甚至还要打造若干个大单品。讲大单品不要只是看形式，大单品不是孤立的，它也是有组合、有系统的。

实现品类的产品系列化，其实质就是针对消费者及其需求的深度挖掘，通过这种方式可以打造出大单品群。比如，某食品公司核心拳头产品是肉松与芝士，以肉松小贝撬开市场，然后进行纵向的口味延伸，横向的品类扩展，研发了蛋黄酥、凤梨酥、提子酥等一系列现制产品。

再如，某美妆公司也一直在作"成分党"，通过一款玻尿酸原液打开药妆市场，然后再布局烟酰胺、虾青素等，以此来不断满足更多的细分需求，由此围绕着核心大单品构筑起一个牢固的"护城河"，这叫高频打低频。

品类的产品系列化是围绕着大单品的品牌核心定位来进行补充或拓展，系列产品都是围绕着大单品形成群体作战，并且在消费者心智中形成对品牌的统一认知。

不论多么看好的产业品类细分市场，都需要一个孕育、成长、成熟和衰退或细分升级的过程，不能操之过急。往往一些企业看好某个产品或品类细分，就大规模投入却效果不佳，反而影响自己公司的现金流，给企业带来困难，甚至灾难性的问题。这是因为没有认识到产品或品类发展的规律，没有把握好企业发展的节奏问题。

8.2 细分机会评估

根据产业分化规律，从产业成长地图中分析出来的每个细分市场机会，对于每个企业来说，并不具有同等的发展价值。企业需要构建模型进一步评估每个细分机会的大小并排序，有选择地决策首先拓展哪些产品线，实现企业的转型升级。

8.2.1 市场机会评估

识别出产业发展机会，还少不了对相应细分市场的透析与判断，以确定切入或聚焦的市场方向，指导产品定位与核心价值的确立。市场分析的三大关键词为"规模""趋势""竞争"。

若因为对产业市场判断不足进入到一个天花板很低的领域，比如某些夕阳产业，那么之后的努力都只能在一个低成长空间的方向上"前进"。

当然，这并不是要求企业盲目地为了追求巨大且不断膨胀的"蛋糕"，在早期就布局产业内整个大市场，还得基于自身条件有所收敛，选择优先聚焦的具体"赛道"。例如某知名手机公司最早是以第三方手机操作系统起家的，成立一年后才进军手机市场，2015年宣布启动物联网战略。走得稳才是快，尤其在企业资源有限的早期，瞄准的市场过大容易过早耗尽"弹药"。

企业或团队根据自身特点进行市场聚焦，才更有可能服务好客户，获得阶段性胜利，进而适时调整市场定位及整体战略。另外，市场趋势也并不是简单地看增或降，而应该更关注产业发展或分化转移趋势，以把握新机会。

"竞争"即竞争环境，指企业面对的竞争者数量和类型以及参与竞争的方式。越大的蛋糕自然抢的人越多。尤其如今移动互联网人口红利近乎枯竭，蓝海市场越来越少，不断有对"长尾市场"机会的关注，毕竟小而美也可以很好，并不是所有企业都必须以做大、上市为目标。除了影响企业或团队在目标市场上的选择，竞争对手的运营管理策略也直接影响着企业对自身产品的定位与核心价值判断，甚至具体商业模式也可能因竞争对手情况而进行差异化构建。很多时候，与其与对手硬碰硬，不如结合自身情况实施"错位竞争"策略。

8.2.2　企业资源分析

产业与市场因素是外部条件，主要是谁看得更清、更快看清的区别。这当然很重要，毕竟产业机会窗口不会一直敞开。而对企业自身优劣势的认知与合理应用，则是实实在在握在企业自己手里的内部条件。长处用到实处，短处避之补之，比如资源优势、技术优势、品牌优势等，化优势为企业核心价值，有时甚至可以直接决定胜负或逆转战局。

为什么要做这个产品线？为什么我能做这个产品？凭什么我做得比别人好？比如目前市场上比较成功的格力空调、比亚迪新能源汽车、华为手机等企业，它们普遍的做法就是在某一时期集中火力，聚焦某个品类大单品，通过重视技术研发、差异化、微创新、新渠道，打出自己的特色。每个品类大单品的寻找一般可通过构建全产业的价格带，寻求并选择价格带上最大消费群体的单品。

如何找到自身的优势来破局呢？当然很多资源优势需要企业或团队在成长过程中积累，而早期企业更多需要依仗模式创新、技术创新作为自身核心价值。

1. 细分市场的竞争力评估排序

如何从多个产业细分中评估哪一个值得企业投入呢？可通过赋予权重给已经选择的细分机会打分。打分主要从市场机会、企业竞争地位、财务指标 3 个维度进行，根据产业的不同，首先赋予市场以上 3 个维度不同的权重。

企业竞争地位包括技术优势、市场份额、产品优势、品牌优势、成本结构 5 个因素；财务指标包括开发费用、毛利率、销售收入等。

根据每个细分机会的背景信息，结合权重框架，对每个机会的每个评估要素进行打分。可以使用"高—中—低"来定性评估，也可以采用更加准确的定量评估。经过打分，最终形成产品族所有细分机会，包括现有产品和潜在机会的排序。

2. 明确产品线之间的依赖关系

细分机会之间的依赖关系可不计入总分数，只作为最终项目排序的参考项。市场细分所涉及的产品机会之间的依赖关系将影响产品族的组合路标。分数高的机会不一定就是优先级最高的，该细分产品机会可能对某个低分机会具有很大的依赖性，因此并不一定优先开发。确定产品线机会之间的依赖关系通常需要绘制一幅机会依赖关系图，如图 8-2 所示。

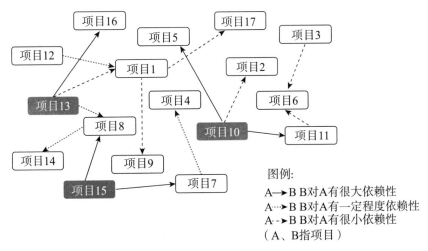

图例：
A→B B对A有很大依赖性
A┈>B B对A有一定程度依赖性
A-→B B对A有很小依赖性
（A、B指项目）

图 8-2　产品机会的依赖关系

项目 10、项目 13、项目 15 无论分值多少，都要作为关键机会对待，因为很多机会都对它们具有很高的依赖性。

3. 对细分机会进行排序

在打分排序和依赖性分析后，还需要综合考虑产品族资源和盈利能力，才能输出产品族机会竞争力大小的总排序清单。

8.2.3　构建产业产品线机会评估模型

机会评估模型比较多，本章介绍产业细分机会评估模型和三圈机会评估模型。

1. 产业细分机会评估模型

产业细分机会评估模型是根据产品线的市场吸引力和企业机会竞争力这两个综合因素构建的四方格或九方格的分析矩阵。按照各项因素的评分标准给每一个细分机会评分，分别计算每种产品的市场吸引力和企业实力（相关性）的总分。

依据产品的市场吸引力总分和企业机会竞争力总分的高低，划分为大、中、小 3 等，形成 9 个区域。每个细分机会根据得分情况，可在区域中找到自己的位置，再作出综合评价和决策。如图 8-3 所示，有 9 种组合方式，形成 9 个区域。

企业实力 市场吸引力	小	中	大
大	1	4	7
中	2	5	8
小	3	6	9

图 8-3　产业细分评估模型

根据产品所在的区域位置，采取如下相应对策。

第 1 区域市场吸引力大，但企业实力小，属于有问题产品。应采取选择性投资，提高企业实力，积极发展，提高市场占有率的对策。

第 2 区域市场吸引力中等，企业实力小，属于风险产品。应采取维持现状，努力获利的对策。

第 3 区域市场吸引力和企业实力都很小，属于滞销产品。应采取收回投资后停产，予以淘汰的对策。

第 4 区域市场吸引力大，企业实力中等，属于亚名牌产品。应采取增加投资，提高实力，大力发展的对策。

第 5 区域市场吸引力和企业实力均为中等，属于维持产品。应采取维持现状的对策。

第 6 区域市场吸引力小，企业实力中等。属于滞销产品。应采取撤退和潜伏的对策。

第 7 区域市场吸引力和企业实力都很大，属于名牌产品。应采取积极投资，发挥优势，大力发展，提高市场占有率的对策。

第 8 区域市场吸引力中等，企业实力大，属于高盈利产品。应根据市场预测，对有前途的产品予以改进和提高，对需求稳定的产品采取维持现状、尽力获利的对策。

第 9 区域市场吸引力小，而企业实力大，属于薄利、无后劲的产品。应采取逐步减产和淘汰的对策。

2. 三圈机会评估模型

当企业面临大量新产品机会时，先通过产业细分机会评估模型对大量产品机会进行初步筛选，然后对筛选出来的重点产品机会通过三圈机会评估模型进行详细评估，通过全面地分析、对比来选择最佳产品机会进行排序立项。

（1）评估维度。企业新产品开发战略规划优先选择哪个新产品要有全局观，不仅要关注用户需求，还要关注商业可行性、技术可行性。如图 8-4 所示。

①用户需求：分析用户需求的强度，是否是刚需？是否高频？新产品的用户规模大吗？

②技术可行性：在技术上实现的可行性，是否具备相应的资源与能力，与企业的核心能力是否匹配？与原产品线的相关性有多大？

③商业可行性：在商业逻辑上是否成立？是否具有商业价值？包括战略

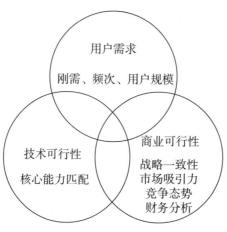

图 8-4　三圈机会评估模型

一致性、市场吸引力、竞争态势、财务分析。

战略一致性：与企业的战略方向是否一致？对企业的战略目标是否有贡献？

市场吸引力：市场规模有多大？增长趋势如何？利润空间多大？

竞争态势：市场竞争对手多吗？市场的集中度如何？相比竞争对手来说是否有竞争优势？

财务分析：能赚钱吗？实现财务收益的风险有多大？

评估维度不限于以上列出的这些，可以根据自己的公司战略、新产品特征来选择并增减评估维度。例如，如果公司新产品开发战略定位是"探索者"，则可以在评估维度中增加新颖性、创新性、前瞻性。

（2）评估方式。确定评估维度后，可以采用定性评估或定量评估的方式。

①定性评估。根据选择的评估维度进行定性评估，例如，从刚需、高频、用户多这 3 个方面对产品进行评估，如表 8-1 所示。

表 8-1　产品评估维度

产品属性	代表产品	特点	策略
刚需　√ 高频　√ 用户多　√	美团外卖 App、滴滴出行 App、移动支付、停车、在线医疗、在线教育	大市场，都被巨头占领山头	"烧钱"抢占山头，构建竞争壁垒

续表

产品属性		代表产品	特点	策略
刚需 高频 用户多	× √ √	抖音 App、得到 App、Keep App、音乐、视频、游戏	强调渠道，获客成本高	提高产品黏性留住用户，实现流量变现
刚需 高频 用户多	√ × √	租房、婚庆、瓜子二手车网站、在线旅游、保险	获客成本高	提高客单价，防止被巨头高频打低频
刚需 高频 用户多	√ √ ×	激光翻页笔、盲人用具、宠物用品	发展规模受限，想象空间小	专注细分领域，生产小而美产品
刚需 高频 用户多	? ? ?	共享轮椅、上门洗车、上门开锁、共享玩具、共享篮球、宠物医院	刚需高频、用户多 3 方面只占 0 ~ 1 个	

②定量评估。采用定量评估的方式，通过统一的评估标准得到评估分值，根据评估分值就可以方便地进行排序与决策。

定量评估分为如下几个步骤。

第一步，选择评估维度。根据产业发展阶段、公司新产品开发战略、新产品特征来选择、确定并扩充新产品机会的评估维度。

第二步，设定权重。根据公司的具体情况与产品类型对评估维度设置权重。权重要经过内部充分讨论达成一致共识，体现了企业对不同评估维度的重视程度。

第三步，设定评分标准。评分标准的分值设置要拉开档次，便于区分与识别，可选择"1、3、5"的 5 分制，也可以选择"1、4、7、10"的 10 分制，具体做法如表 8-2 所示。

第四步，根据评分标准对产品机会进行评分。在实践操作过程中，一般可召开产品评审会议，邀请跨职能专家团队，特别是公司高管参与评审，多人评分后进行加权平均，填到表格中进行综合比较，如图 8-3 所示。

表 8-2　三圈机会评估模型评分标准

评估维度		权重	评分标准			
			1	4	7	10
用户需求		20	非刚需、低频、目标用户少	非刚需、高频、目标用户较多	刚需、低频、目标用户较多	刚需、高频、目标用户很多
技术可行性		20	可行性低，差距大，技术可行性未经证实	很多障碍需要攻克，有些证据支持技术可行性	有障碍但可以实现，有些证据支持技术可行性	直接利用现有技术，内部有技术，已被证实可行
商业可行性	战略一致性	20	与战略方向不一致	与战略有些关系	支持战略，影响大	非常支持战略，影响重大
	市场吸引力	15	市场小，低增长	市场适中，发展有限	重要市场，增长良好，利润良好	大市场，高增长
	竞争态势	15	红海市场，竞争激烈，没有竞争优势	有多个巨头入场，优势微弱	有少量对手入场，有较大优势	蓝海市场，尚无对手，很大竞争优势
	财务分析	10	投资回收期>5年，很难赚钱，风险很大	投资回收期≈3年，较难赚钱，风险较大	投资回收期≈2年，可以赚钱，风险适当	投资回收期<1年，好赚钱，风险不大

表 8-3　三圈机会评估模型评估得分

评估维度		权重	产品机会1	产品机会2	产品机会3	产品机会4
用户需求		20	4	7	10	7
技术可行性		20	7	4	7	10
商业可行性	战略一致性	20	10	10	7	4
	市场吸引力	15	7	1	7	4
	竞争态势	15	4	10	7	7
	财务分析	10	4	4	4	10
总分		100	625	625	730	685

第五步，评分后根据总分的高低进行优先级排序，选择有限开发哪些产品机会并分配相应的资源。

定量评估的方法相对于定性评估的方法，优点如下：综合了多种评估维度，避免从单一维度来评估产品机会；按照统一的评分标准，由多人多层次参与评审，减少随意性与主观偏见；定量评估得到的分值方便对产品机会排优先级，有助于管理者作出更加科学的决策。

⚙ 8.3　产品线的构建模式

产品线的规划拓展重点考虑产品线之间的强关联性，在产品组合中实现了具有强相关性和深度挖掘同类产品的战略目标。

在构建企业产品的集团军协同作战能力中，无论是产品体系，还是其中的产品结构设计，都离不开产品线规划，而且要明确几个核心问题：主做哪几条产品线，每条产品线中主推哪几个产品系列，各产品系列的划分标准是什么，主打的明星产品是哪几个。

产品线的发展规划一般是按照产品线的长度、宽度等进行拓展的。产品线的长度是指根据市场客户群的细分划分产品系列，把产品分为高、中、低不同的档次；产品线的宽度是指根据市场客户细分的需求功能变化设计产品线的多少，例如去头屑的海飞丝、柔顺的飘柔、乌黑头发的何首乌等。

因此，产品线拓展应该是以市场细分形成产业成长地图为纲，建立企业的产品线、产品系列、产品规格和细分市场的一一对应关系。这就要求企业要找到分化不同细分市场的办法、维度和标准，然后针对不同的细分市场去定位一款具体的产品系列，最后形成公司的产品体系。那么以市场细分法来构建产品线使得每个产品系列都针对不同的细分市场，就避免了产品线之间的残杀。总之，产品线规划的一个关键问题是如何进行科学的、适合企业发展的市场细分。

案例分享

　　某飞机制造公司在规划、开发它的产品线的时候，想到的第一件事情不是能够生产多大的飞机、什么样的飞机，而是先去征询它的客户航空公司的意见。问一问那些航空公司未来的战略规划是什么，它们所需要的产品是什么。很多航空公司就告诉它，未来希望实现地球上任意两点之间的直航，那就意味着很多航空公司需要长距离的、远途的、大容量的运输。据此，该公司开发了777系列。所以说，该公司的产品线扩展的思路从开始就是按照客户的需求来界定细分市场的。

8.3.1　按照细分市场的方式扩展自己的产品线

　　如何界定细分市场？如何确定不同细分市场的边界，以及它们之间的差异呢？很多企业习惯于按照消费者的特性来细分市场，比如消费者的年龄、收入、价值观念等这些人口统计学上的概念。但这些消费者的特性和购买行为之间并没有必然的因果关系，只是有相关性而已。对企业而言，在确定细分市场的时候，希望找到与消费者的购买决策有因果关系的决定因素。那么到底什么因素决定了消费者的购买行为呢？

　　首先，应该是消费者的功能需求，该产品能够为消费者解决何种问题或提供何种有用的价值。按照产品价值模型，又可细分为实用价值、性能价值、功能价值和精神价值。

　　其次，应该是消费者的使用环境，消费者为了完成某种特定的任务或解决某个问题而购买某种产品。企业必须要本着这样一个观念去研究消费者的需求：消费者的使用环境往往能够揭示消费者购买行为的决定性因素。

　　这种理念是宝洁公司成功的基础。宝洁公司一直秉承的是到消费者的家里、到消费者的身边去研究消费者是如何使用自己的产品的，然后据此来发展自己的产品线，例如宝洁在洗衣粉产品线上的扩展思路。宝洁的研发人员和营销人员每年都要进行大量的拜访，经常组成不同的小分队，走到不同的客户家里，询问消费者如何将衣服分类、要洗的衣服事先如何处理、如何使用洗衣机、怎么烘干衣服、衣服洗好后怎么处理等问题。然后他们思考的是，在客户整个处理衣服的过程中宝洁能够帮上什么忙，或如何提高整个过程的效率。运用这样的一个观念，宝洁开发出了不同功能的洗衣粉产品线，比如有漂白作用的、加酶去污的、加香的、去衣领污口污渍的、不伤手的等。同样，宝洁把在洗衣粉上的成功做法也应用到了牙膏上。不同的消费者有的人希望口气清新、有的人希望防止蛀牙、有的人希望防止牙周炎，因此开发提供相应功能价值的产品，在牙膏实用价值的基础上增加不同的产品功能，形成了宝洁的牙膏产品线。

产品线拓展首先要进行市场的细分，然后进行市场细分评估。按照细分市场的方式形成产品和细分市场之间的对应关系。那么在这样的一种状态下企业有两种做法：一种做法是围绕着每一个细分市场生产一种产品，另外一种做法是选择最有价值的细分市场生产产品。这就使得产品线的长度有了差异。那么到底产品线的合适的长度是什么？很多企业都希望自己能够形成一个完整的产品线。

比如，宝洁希望按照消费者需求的差异性来进行市场细分，试图找到更多的空白市场，并且实行精准细分策略，然后为每一个细分市场推出一个产品。宝洁公司的理念是，如果一个市场上还有其他空间，那宝洁最好有相应的产品去占领。因此，宝洁一直采用的是完整的产品线的战略，试图覆盖每一个细分市场，并且不断地、主动地去创造市场细分，使得自己保持领先。以洗发水产品线为例，宝洁最早推出了 3 款品牌的洗发水。首先是飘柔，它是针对"柔顺"这个细分市场；然后是潘婷，针对的是"营养"这个细分市场；海飞丝针对的则是"去屑"这个细分市场。这 3 种功能的产品按照使用环境进一步进行产品线拓展，例如围绕不同的包装进行拓展：有家庭装，适合家庭使用；有个人装，适合个人和旅行使用；还有适合住校学生的袋装。

宝洁之前的理念一直是主动创造市场细分，然后对应扩展自己的产品线。这种扩展方式的结果是当你走进一个超市，很可能看到一个几米长的货架摆满了宝洁的洗发水产品，面对这么长的一个产品线，消费者如何选择事实上是非常困难的。过度的产品线开发不但造成了自己产品之间的互相竞争，而且给消费者的选择造成了困难。而且后来我们看到飘柔也开始去屑了，海飞丝也开始主打柔顺了，消费者面对这么复杂的产品线更加困惑了。为什么宝洁在洗发水产品线非常精简的三大品牌状态下，它的整体市场份额是非常高的，而今天它有五大品牌以及一系列这么复杂的产品线却没有达到当年的那种高度呢？

这虽然有市场竞争的原因，但另外也启示企业家或产品经理们，企业必须考虑产品线适度的长度和宽度。面对这种很多企业产品线过度扩张的状态，有一些企业开始思考产品线无限扩展带来的问题和误区，它们开始走向了回归。比如现在有些企业采用的策略是精简产品线。其实消费者有多个群体，如老年群体、家庭妇女群体、学生群体，他们在功能性和价值观上的产品需求是有相似性的。那么针对这样多个相似性高的群体提供一个产品，对企业而言是最有效率的，对消费者也是最适宜的。

因此，既要按照市场细分的方式来构建产品线，形成产品和市场细分一一对应的关系，也要把握适度原则。

8.3.2 优化产品组合构建科学的产品线

如何从战略的角度去思考产品线的长度和宽度？

很多企业在推出新产品或新产品线的时候，每一个产品独立面对细分市场的竞争，而另外一些企业采用的策略是面对不同细分市场的产品有着策略组合，就是依靠战略方式考虑产品线的宽度、长度，根据产品之间的互补或竞争关系进行多销售功能的组合，形成协同作战效应，以及依靠战略的选择来进行产品线的扩张、缩减、完整化或者特色化。

斯沃琪是瑞士的一家手表生产集团，欧米茄、浪琴、雷达、天梭等知名品牌的手表都是这个集团的，这些产品针对不同的细分市场。斯沃琪集团在这些不同细分市场的产品之间建立了一种策略组合，即赋予产品不同的产品角色或市场功能，在避免自己产品相互竞争的同时形成了产品协同作战能力。

例如，斯沃琪手表作为防火墙产品来应对日本企业的竞争。手表是瑞士的传统产业，尤其在机械表方面，瑞士企业占据着领先的地位。但是在 1964

年第 18 届东京奥运会召开后，日本的西铁城开始进入手表制造领域，从电子表逐步走向低端的机械表，并试图向中高端的机械表拓展，这对瑞士手表企业产生了冲击。针对这种情况，斯沃琪集团将它旗下的产品线进行优化，形成有效的产品组合。它把斯沃琪手表定位为防火墙产品，在低端上阻击日本的手表企业，做到与日本企业同样的价格但品质更好，代表了瑞士制造。其目的是保护自己在中高端市场上的产品不受侵害，而在中档市场上的产品，如天梭、欧米茄、浪琴和雷达，以及高端市场上的产品，如布莱柯培，始终没有受到竞争对手强烈的冲击。

8.3.3　围绕客户生命周期构建产品线

产品线的拓展方式也可以围绕顾客的生命周期来构建。根据消费者的成长、消费能力的演变拓展产品线的长度和宽度。根据市场客户群的细分市场的成熟度和价值设计产品线的长度，即代表产品高、中、低档次的产品系列；根据市场客户细分的功能需求变化设计产品线的宽度，例如去头屑的海飞丝、柔顺头发的飘柔、乌黑头发的何首乌等。同时，根据新技术的发展应用和客户对产品需求的升级，进行产品的升级换代。

丰田汽车是运用这种理念的典范。丰田在推出威驰车的时候并不把这个车作为一个利润产品，而是作为一个战略产品吸引消费者大量购买，让消费者对丰田有一个认知，并且在消费者购买第一辆车的时候就形成品牌偏好。丰田在推出威驰车的过程中不断围绕着这样的战略去实施，尽量大面积地占有客户，并提供高附加值服务，使消费者产生品牌偏好。等到这些消费者逐步成长，换新车的时候就能够继续选择丰田其他系列的汽车产品。

这样的企业在构建产品线的时候是有系统的产品战略规划的，不仅要进行市场细分，为每一个细分市场提供不同的产品系列，还要研究顾客的生命周期规律，围绕顾客生命周期的不同阶段构建自己的产品体系，使得不同的产品之间具有某种组合策略关系。比如消费者接触的第一个产品，只是为了建立关系和占领市场，不是获得利润。随着消费者逐渐走向高端，继续购买本公司的产品，从而收获长期利润。

8.4 产品线的发展策略

企业产品线可根据产业发展阶段、市场吸引力以及企业自己的资源优势采取不同的发展策略。一般可分为核心单品策略、产品组合策略、全系列策略和产品淘汰收缩策略。

8.4.1 产品线的发展策略模型构建

产品线的发展策略模型是由产业产品线的吸引力和企业资源竞争力构成的四区域评估模型，如图 8-5 所示。

图 8-5 产品线的发展策略模型

第一区域：产业发展的成长阶段，产业产品线比较多，技术发展较成熟，市场进一步细分分化，产品系列继续分化。当前的市场规模和增长率都较大。市场的竞争对手比较多，竞争激烈。企业处于较强的竞争地位，可能是因为较早进入该产业，技术成熟，技术研发能力较强。产品系列和核心产品比较多，产品竞争力和品牌知名度比较高。处于该区域的企业适合采取全系列发展策略。

第二区域：产业发展的萌芽或快速成长阶段，产品线类型不多，技术处于快速发展时期，产品更新较快，处于产品系列快速分化阶段。当前的市场规模不大，但是市场规模的增长率较大。加入市场的竞争对手比较多，竞争激烈。企业刚进入该产业，技术不够成熟，技术研发能力较弱。产品系列和核心产品不多，产品竞争力和品牌知名度不高。处于该区域的企业适合采取核心单品发展策略。

第三区域：产业发展的衰退阶段或已经出现被新产业替代的趋势，产品线类型不多，技术处于落后时期，产品更新少且开始淘汰。当前的市场规模不大，但是市场规模的增长率也不高或已经开始负增长。市场的竞争对手比较多，竞争激烈。企业已经进入该产业多时，技术研发投入较少。产品系列和核心产品不多，产品竞争力和品牌知名度较弱。处于该区域的企业适合采取收缩策略。

第四区域：产业发展的成熟或衰退阶段，或已经出现被新产业替代的倾向，产品线类型多，新产品系列和新产品规格更新少，产品主要通过迭代升级开拓市场。当前的市场规模较大，但是市场规模的增长率不高。市场的竞争对手比较多，竞争激烈。企业已经进入该产业多时，技术研发能力高，属于该产业的龙头企业。产品系列和产品规格比较丰富，产品竞争力和品牌知名度较高。处于该区域的企业适合采取全系列发展或产品组合策略。应该细分市场，重点抓住产业的分化，丰富产品系列和产品规格，或加大研发投入，开发新技术、开创新产业。

8.4.2　产品线的发展策略

1. 全系列策略

对于产业发展前景好，竞争地位强的企业适合采取全系列策略，即尽可能丰富产品线的高、中、低端产品系列，并赋予不同系列产品不同的市场功能形式，产品相互协同，提升产品竞争力，健全企业产品体系。

首先应该对第一区域的企业进行产品线诊断，根据产品线诊断结果决定延伸产品线长度的方式。如果诊断的结果是产品线短，缺少高端产品，就应该采取产品线向上延伸策略；如果结果是产品线短，缺少低端产品，就应该采取产品线向下延伸策略；如果结果是产品线短，缺少高低端产品，就应该采取双向延伸策略；如果结果是产品线短，缺少中端产品，就应该采取中间填补策略。

在补全产品系列的同时，继续丰富产品系列的产品规格，规划设计产品组合，形成各产品系列和产品规格的协同作战能力，更大范围地覆盖产业的各个细分市场，提高企业的行业竞争力。

2. 核心单品策略

核心单品策略是指在每一条产品线中都需要培育 1～2 个核心单品，引领产品线的发展。一个企业要有引领企业发展的核心大单品，才能良性发展。特别是对于市场竞争地位不高的企业来说，一个产品线的发展结构应该按照"721"原则发展产品体系，以带动企业品牌和产品线发展。

对于处于产品线发展策略模型第二区域的企业来讲，聚焦区域、聚焦细分顾客、聚焦核心单品才是最有效的竞争策略。然而，真正领会并执行这种策略的企业并不多，许多企业甚至不了解什么是核心单品，所以这些企业虽然有很多产品，也有几个销售占比很高的单品，但是这几个单品却不能算是核心单品，因为它们的利润率很低，只能算走量产品。

什么才是核心单品呢？

它应该满足三个基本条件：一是有足够大的市场规模与稳定的消费；二是定位中高档产品，保证销量和利润；三是卖点符合消费需求。

也就是说一个企业要通过核心员工、核心产品线、核心单品，承担企业发展的销售量、销售利润、产品品牌等，带动企业良性发展。也就是公司产品发展战略"721"原则中的"7"，聚焦发展。就像 30 岁左右的年轻人，承担家中的主要任务、责任，是家中的顶梁柱；并且还有 17～18 岁、4～5 岁的孩子形成梯队发展，这才是长盛不衰的家庭发展结构。"30 岁左右的年轻人"就是公司重点关注、聚焦的产品，"17～18 岁的孩子"就是重点突破的产品，"4～5 岁的孩子"就是布局的产品。

围绕这三个基本条件，首先从企业现有产品中寻找、挖掘核心单品，并聚焦培育形成公司"7"的产品线、核心单品。如果有这样的潜在产品，下一步就要对它的卖点、品质、品相等进行改造。如果从企业现有产品中无法找到合适的核心单品，就需要开发新产品来实现这一目标。

案例分享

金冠食品公司在推出黑糖话梅之前，一直以销售散糖为主，产品有数百种，却没有一款主力产品，年销售额也在2亿~3亿元徘徊。金冠凭借打造黑糖话梅这款单品使得年销售额增长近8亿元！

企业80%的利润来源于20%的产品线或产品，所以企业应该集中精力做好企业核心单品，强化用户对企业的品牌认知，这就是所谓的"二八法则"。

3. 产品淘汰决策

产品淘汰决策是指对于那些销售不佳、生命力不强，不但对公司发展没有价值贡献反而浪费企业资源的产品坚决淘汰。

对处于产品线发展策略模型中第三区域的产品线来说，产品比较多，但有竞争力的产品不多。理想状况是，企业应该每年淘汰一些销售不佳的产品，保证产品线体系处于不断更新升级中。淘汰产品的宗旨是不要把人、财、物等资源浪费在没有效果的产品上，同时需要考虑近几年产品销售趋势和产品组合中的产品功能角色因素。

应该淘汰的产品分3类：

（1）销售疲软，处于亏损且不是形象产品；

（2）销售量和利润都下降的双低产品；

（3）销售疲软的跑量产品。

4. 调整产品组合及价差策略

除根据产品组合策略规划设计产品的各个功能角色外，还要调整产品之间的价差，提升产品的协同作战能力。

调整价差的重点在于纵向角度的价差，包括价格阶梯、竞品价差、核心单品价格保护以及中低档产品间的价差。价格阶梯调整取决于产品线延伸与填补。竞品价差调整是在判断产品之间替代性强弱的基础上进行调整，如果替代性强的产品之间价差大就要调小，如果替代性弱的产品之间价差小就要调大。

核心单品价格保护在于两方面，一是扩大形象产品与核心单品之间的价差，让消费者感到核心单品的价格很便宜；二是缩小核心单品与中档产品之间的价差，让消费者感到核心单品的性价比高。总之，通过"上拉下供"的方法让更多消费者向核心单品聚集。

中低档产品间的价差调整视营销目标而定，如果企业不想让低档产品影响中档产品销售，可以缩小两者之间的价差；如果企业想拉住低端消费者，阻止他们流向竞争者，可以扩大两者之间的价差。

8.5 产品线规划路径

规模型企业大都在推行产品线开发，但搞不清产品线、产品系列与产品规格之间的关系，致使一些企业在进行产品战略及产品体系中的产品线与产品系列规划时存在很多方法和结果上的错误。

8.5.1 产品线规划的常见错误

1. 不清楚产品线与产品系列的关系

因为不清楚产品线与产品系列的关系，构建产品标准化系列时当然也不知道产品标准化是针对产品线还是产品系列。产品线与产品系列属于不同层次。功能不同或品类不同，可分为不同的产品线，例如汽车按照功能分为越野车、货车、城市 SUV、客车、皮卡、小汽车、商务车等。产品系列就是按价格和品质层次分类，简单可分为低端、中端、高端产品，实际上往往可分为多于 3 个，并起一个好的名称，例如宝马轿车的 1 系、3 系、5 系、7 系等，这与按市场规模、需求大小细分的系列不同，产品线下按照某一个维度分为多个产品系列。所以，一个企业如果没有一体化或系统化的产品线规划标准，往往就会只要发现看似好的机会就进入新的产品线或开发新产品，没有与原有产品线或产品形成协同作战能力，也就是说很多新产品的研发初期方向不正确。

2. 产品线和产品系列设置过多

一般同一品类，消费者能够深刻记忆的品牌不超过 3 个，在提示情况下能够识别的也就 7 个左右。为了便于推行产品标准化和聚力打造明星产品系列，建议一个产品线下的产品系列不宜超过 5 个。

3. 没有形成协同作战的能力

产品之间有的在功能、价格上过于接近，在同一块"蛋糕"内分食市场，浪费资源；有的在渠道上重合，争抢终端资源。因此，没有系统化的产品线规划，各个产品各自为战，没有形成良好的产品组合进行协同作战。另外，有些公司有产品线规划，但是没有科学的、健康的、合理的产品线发展标准，产品线之间的投入资源分配不合理，形成多个"孩子"抢饭吃的情况，有的"撑死"，有的"饿死"，最终导致整个公司资金链断裂。这也就是产品线之间、新产品之间与原有产品之间的发展节奏不正确导致的。

很多企业依赖新产品去获得成长，企业营销的基本问题都会来源于产品问题，产品策略是营销策略的根本。企业不断推出新产品，新产品"前赴后继"地进入市场，但是这些新产品的生命周期却越来越短。新产品销量的上升越来越多地依赖于营销费用的提高，费用的增长速度，往往超过了新产品带来的销量的增长，或者利润的增长。而且新产品的销量上升，往往是以老产品的销量下滑为代价的，因而企业总的产品销量并没有获得预期的增长，甚至总体上下降。

案例分享

　　某企业的新产品连续三年不断扩张，但总体销量没有增长。在 2021 年该企业有 5 个产品，获得的总体收入为 30 亿元。到 2022 年增加了 3 个产品，但是总体的销量收入却产生了下降。因为虽然每一个新产品都获得了销量的大幅提升，但是与其相近的老产品却受到了严重的损伤。这意味着，企业在投入新产品的过程中，使新产品和老产品之间形成了"自相残杀"。2023 年该企业仍然在按照不断增加新产品的方式去试图获得企业销量的增长，又继续推出 2 个新产品，而且这 2 个新产品可以说都获得了比较好的销售收入，但是企业的营业额却下降到 28 亿元。调查发现，在几乎所有的终端，企业所有系列的产品都一字排开摆在终端上。

终端的店主是如何推介这个公司的产品的？店主说不知道。营销总监说他自己也分不清楚到底这些新旧产品之间的差异和各自的特点在哪里。

另外一个企业的典型特征是产品种类多但销量小。该公司销售总额为1.2亿元，有4大类、78个规格的产品。但这78个规格的产品销量相差非常悬殊，其中年销售额50万元以下的产品居然有30多个。

产品关系混乱，没有整体的产品体系有哪些危害呢？

首先，产品之间会相互竞争。随着产品线的延长和新产品种类的不断增加，产品之间的特点、功能、价格不可避免地发生重叠，这就意味着目标客户群是重叠的，常常会造成产品"自相残杀"的恶果。但是总有很多企业仍然希望借助于新产品来增加销量。

其次，营销费用的增长幅度往往过快。很多企业增加产品线有一个很好的借口，就是"增加产品线是占领经销商货架的最好的办法"，只有占领了经销商的货架，才有可能占住和消费者接触的前沿阵地。但是这种过度的行为提高了消费者的购买成本，同时又降低了企业的利润。

再次，资源配置的效率降低。因为产品线的过度复杂混乱，企业的资源配置会产生很大的麻烦，经常会出现资金和内部的资源被平均化分配，违背企业发展的"721"原则，使得企业无法重点去推介那些拳头产品。

企业的产品线过度复杂的原因是什么？首先，回顾一下大多企业产品线的扩展过程。最早的时候大多数企业都是从单产品运作开始的，然后以技术的标准来扩展产品线，围绕渠道来做产品，这种转换的过程使得企业的产品线产生了过度复杂的状态。单品运作成功后通过扩展产品线进行升级是很多企业典型的做法，比如空调A公司在最早进入空调领域的时候，是以拳头产品切入这个市场的。当时空调A公司是一个非常小的企业，整个市场的竞争态势却非常激烈。那些原有的大企业占据的是1.5匹的家用空调市场，空调A公司采用的策略是"让开大道、占领两厢"，通过低端的1匹产品，以及更高端的3.5匹的柜机切入空调市场。这种较少的产品线运作使得该品牌空调一举成为空调领域的领先品牌。

8.5.2　产品线的构建路径

到底如何清晰地构建企业的产品线？

首先，应该构建产业的发展地图，根据产业成长模型，进一步细分市场并进行潜力评估，根据自身优势找到未来市场分化和自身优势资源相结合的产品系列或产品线。

其次，按照产业分化规律进行市场细分，即以细分市场为纲，建立适合自己的产品和细分市场的——对应关系，这就要求企业要找到办法和标准去评定不同的细分市场。

然后，针对不同的细分市场去确立一款新产品。

最后，逐步扩展高、中、低档不同的产品系列和产品规格，丰富整个产品线。

因此，基于产业发展规律并以市场细分法来构建产品线，使得每个产品都有针对细分市场的、清晰的定位，这就避免了产品线之间的相互"残杀"。

案例分享

江淮客车就是通过拳头产品客车的底盘不断发展起来的。在 2005 年，客车制造领域做底盘的厂商和做整车的厂商是分开的。市场上的客车整车的厂商有宇通、金龙、黄海、少林等。在客车底盘这个领域主要的厂家有一汽、二汽、江淮客车 3 家。江淮客车和一汽、二汽比较起来是很小的企业，但是在客车底盘领域却是市场的领先者。那么江淮客车的经验是什么呢？江淮客车从来不认为自己的客户是客车整车制造商，而应该是客车的最终使用者，所以开始分析客车的使用者。

首先是城市的公交公司。公交公司对客车的需求是有自己的产品线规划的，那未来一个城市的公交线路如何规划？公交车的容量、底盘的高度和长度是多少？是否使用清洁能源？这都将成为公交公司的需求，而这些需求将会影响底盘的特点。江淮客车开始进入不同城市的公交公司，并对它们的战略进行分析研究，按照公交公司未的战略规划去扩展自己的产品线，然后向客车厂商推荐符合其特点的产品线。同时告诉公交公司，只有江淮客车的底盘产品做出来的整车产品才适合未来公交规划的需求。这种战略的成功来源于江淮客车按照细分市场的需求规划产品线。

江淮客车看到的第二个消费者市场来源于城际高速。随着现代社会的发展，城际高速将变得越来越发达。城际高速所需要的客车与公交公司城乡短途客运又有着明显的差别。城际高速的客车更讲究座位的舒适性、驾驶的操控性等。江淮汽车构建的产品线使其具有占领市场的优势。

8.6 产品线结构优化

产品线结构优化是企业竞争力提升的关键。产品结构优化的整个过程也是企业产品战略决策的过程。它是指企业遵循一定的优化原则，考虑多方面的有利条件和制约因素，运用科学的决策方法和手段，对多种产品组合的方案（互补产品的协同和竞争产品的区隔）进行论证、比较，直至最终找出不同产品的最佳组合。企业产品的组合随市场需求、资源条件和经营环境等各种因素的变化而变动。

它的优化只有通过不断开发新产品填充、优化升级或淘汰老产品，适时调整企业产品战略来实现。

8.6.1 产品线的填充

一家公司可以通过产品线填充来延长其产品线，办法是在现有产品线的范围内增加一些产品系列。

产品线填充的动机包括：追求更多的利润，满足那些经常抱怨由于产品线不足而使销售额下降的经销商；充分利用剩余的生产能力；满足消费者对多样性的需求，争取成为领先的产品线全满的公司；设法填补市场空隙，防止竞争者的侵入。

因此，企业为面向市场，该选择怎样的产品组合战略呢？企业的产品组合，既要根据细分人群和价格带明确不同产品之间的区隔，设定好不同产品各自所要承担的营销任务，还要想清楚这一产品对品牌认知的建立、对品牌形象的影响有多大。

如果产品线的填补要防止新旧产品"自相残杀"，以及在消费者中造成混乱，公司必须使消费者能在心目中区分出每一个产品系列。每一个产品系列必须具备显著差异。

因此，公司一定要使新产品具有显著的差异。在进行产品线填充时公司要检查一下计划开发的产品系列是否有某种市场需求，而不单单是为了满足公司内部的需求。

如果企业决定参考产业价格带按一定的售价来增加某一产品系列，应由拟定好的售价支配如何设计产品系列。某些情况下，产品线长度是适当的，但是还必须使产品线系列化。

问题在于产品线是逐渐系列化，还是一下子系列化。渐进的方法可以使公司在改进整个产品线之前，观察一下顾客和经销商是否喜欢新样式的产品，可使公司的资金耗费较少。但是，这种方法的主要缺点是，它使竞争者有机会观测到变化，并开始设计它们自己的产品线。在迅速变化中的产品市场上，产品现代化接连不断地发生。公司计划改进产品以鼓励顾客向高价值和高价格的产品系列转换。主要的问题在于必须选择改进产品的最佳时机，要与产业的发展阶段和规律相匹配。

案例分享

　　产品体系的框架是产品线下再分产品系列，产品系列下再分型号，例如奔驰车分为货车、大客、商务车、轿车。也就是说产品线一般按照功能分类，系列按照价格和性能分类。奔驰有A、E、S、G级等许多产品系，每个产品系下按细分价格有很多型号。为了实现战略升级，在2021年的新品发布会上，戴姆勒集团的总裁康林松罕见地亲自登台，发布了奔驰车的产品矩阵，提出"利润优先于销量"。发布会上，奔驰发布了全新的跨界车型 SUL——将运动型多功能车（SUV）升级到运动型多用途豪华车（SUL）。它是将 SUV 与豪华车型平滑的车顶曲线、三厢结构设计等跨界元素融为一体（可认为是 SUV 与轿车的交叉组合），从而在奔驰车的产品矩阵中创出的一个全新产品。显然，SUL 是奔驰的一个全新产品线，相信未来也会有不同排量的细分新产品。当然，每个产品线的车也都会有基本配置、豪华配置等——这在产品标准化体系中已成为产品体系的产品规格配置标准。

8.6.2　企业产品线优化

产品线优化是指根据产业细分市场的变化，重新整合划分自己产品线的产品系列体系，提升产品竞争力。

随着产业分化，消费市场的成熟和演变，不断优化企业自己的产品结构体系，既能明确自己的产品定位，丰富产品系列产品，完善自己企业的产品结构，同时又能防止自家产品的相互竞争，提高多个产品系列之间协同作战能力，提高产品的竞争力。

丰富和优化企业的产品系列，既要符合产业发展的分化规律，又要符合市场发展趋势，同时还能发挥自己企业的竞争优势。其具体方法如下。

（1）构建产业成长地图，并预测未来 3~5 年的产业发展结构趋势；进一步细分市场，分化产品线，完善产业成长地图的产品系列，挖掘企业空白的市场细分机会。

（2）分析未来发展细分市场的机会点，并评估产业分化细分市场的吸引力。

（3）评估企业自身对每个细分市场的竞争力。

（4）分析各个产品线的相关逻辑关系，明确其竞争和互补关系，定位各产品线的功能和角色，构建科学的产品线组合。

（5）构建 SPAN 分析模型，并对机会点进行排序。

（6）优化企业的产品线和产品系列结构。适当地增加、删减或合并产品系列，优化产品组合，并进一步规划产品系列的产品规格，提升产品的竞争力。

根据未来的产业产品发展趋势和分化规律，构建企业未来 3~5 年的产品结构体系及其演变过程。一个公司的产品系列是一个从无到有、从少到多，逐步完善的过程。

案例分享

在 2013 年之前，奔驰 SUV 车型只有 ML 和 GLS 两个系列。因为近十年城市 SUV 细分市场的快速增长，奔驰公司在 2015 年对 SUV 产品线进行了一系列的产品结构优化。现在奔驰城市 SUV 产品线的产品系列分为 GLA、GLC、GLE、GLS，把原来的 ML 系列分化演变为 GLA、GLC、GLE，整合丰富并优化了 SUV 产品线，提升了奔驰产品的竞争力。

8.6.3 产品线削减

产品线削减是指从产品线中剔除那些获利很小甚至不获利的产品种类。企业高层或产品经理应该定期检查产品线、产品系列或产品结构的合理性，研究产品的削减问题。

产品线的削减有两种情况。一种是产品线中有利润减少且卖不掉的陈货，可通过销售额和成本的分析来识别疲软的产品系列或产品。许多公司都对产品线做过重大削减，以取得丰厚的长期利润。某时尚百货店经营本地设计师的产品，但由于其经营的产品品牌系列达 450 种之多且其中许多的设计和质量都很差而濒临淘汰。该公司的管理层通过评估削减了原来一半的产品品牌，并开设一家较小的商店，反而销量大增，实现了盈利。

产品线削减的另一种情况是，公司缺乏使所有产品都达到期望数量的生产能力，产品经理必须集中生产利润较高且销量大的产品系列。当需求紧迫时，公司通常缩短产品线；在需求松缓时，则拉长产品线。

案例分享

　　1997 年，乔布斯重回苹果公司时，苹果公司内外交困，当年亏损了 10 多亿美元，用戴尔计算机的总裁迈克·戴尔的话说，处于"把公司关了，把剩下的钱还给股东"的边缘。苹果公司产品线复杂度太高，产品规格泛滥，例如仅台式电脑就有 12 种型号；在运营管理上更是乏善可陈，生产和供应链效益低下，成本居高不下。

　　乔布斯回归后，采取的第一步就是先砍掉了 70% 的产品线，比如打印机和服务器这些不挣钱的业务，把正在开发的 15 种产品线缩减成 4 种，也就是发展到现在的大名鼎鼎的 iPhone、MacBook、iMac 和 iPad。

　　加法是本能，减法是智慧。善做减法，专注聚焦于某一个或某几个业务或产品线，做到极致、做到行业前 20%，业绩增长就不是问题了。

　　做减法，并不是要求不做加法。初创公司最开始做减法聚焦，但当业务发展到一定阶段，是需要做加法的。要有选择地做加法，有策略地做减法。

8.6.4　产品组合升级

　　主导产品的迭代升级是指一个产品，一款主打产品一般 3~5 年就需要迭代升级。

　　产品更新升级可以采取逐项更新或系统性更新两种方式。如汽车产品需要年年改进外形或操作的可见部分；5~7 年需要在技术或性能层面系统性升级换代，这属于产品的代系规划升级。

　　产品升级注意的是需要评估并确定产品的基因。继承发扬产品基因的同时，进行产品基因有限的创新，例如宝马汽车的"双肾"前脸。

　　另外，产品线的升级还包含提升产品的组合。企业的产品组合方式应遵循有利于促进销售和有利于增加企业利润这一原则。一般说来，拓宽产品系列有利于发挥企业的潜能，开辟新市场，同时能避免较大风险，"东方不亮西方亮"；加深产品系列可以促使企业经营专业化，满足更多的特殊需

要，突出其特色，加强产品系列的关联性，增强企业的市场地位，提高竞争
实力。

案例分享

　　长城汽车的发展史就是产品线不断拓展、产品系列不断完善的升级
过程。长城汽车成立于1984年，是一家全球化智能科技公司，业务包括
汽车及零部件设计、研发、生产、销售和服务，有多个旗下品牌。

　　哈弗：成立于2013年，以城市SUV车型为主，产品系列分为F、
H、M等，其中H系列又分为H1、H2、H3、H5、H6、H7、H9等
系列。

　　魏牌：成立于2016年，豪华品牌。

　　长城皮卡：品牌独立于2018年，主要生产皮卡汽车品牌。

　　欧拉：成立于2018年，新能源汽车品牌，专注女性市场。

　　光束汽车：成立于2019年，长城汽车与宝马合资建立，生产纯电
MINI车型。

　　坦克：成立于2021年，城市SUV豪华品牌，又分为300系列、400
系列、500系列。

　　沙龙：成立于2021年，高端新能源汽车品牌。

　　产品结构合理，企业优势才会突出。优秀的产品体系应当符合"优
势领域＋相关领域""大产品＋产品群""立体化产品梯队"的产品
结构。

第9章
企业升级：产品系列延伸

企业升级包括三部分：一是产品线的延伸，丰富新产品系列；二是产品升级，增加或丰富产品规格；三是管理模式创新，数字化、信息化等新技术应用来提升效率、降低成本。本书主要侧重于产业转型升级指导下的企业产品开发战略研究，所以本章将侧重丰富产品系列的论述。管理模型创新、数字化等属于管理问题，不属于产品经营范围，不作为本书研究重点。

9.1 产品系列含义与分类标准

产品系列是指产品线项下按照某种标准划分的、定位相近的一类产品，一般可简称产品系。产品系列的划分标准一般有产品功能、消费上的连带性，面向的顾客群、分销渠道、价格范围等。

产品系列往往由"价格＋性能档次＋特色"组成。例如，我们大多数人熟悉的汽车产品线一般分为货车、客车、越野车、SUV、跑车、轿车等。其中每个产品线下又分为多个产品系列，例如宝马轿车产品线下按照价格和性能档次高低划分的1系、3系、5系、7系汽车，其价格逐渐升高，性能越来越好。

随着产业发展越来越成熟，市场总量增速放缓，企业之间争抢市场份额的竞争越来越激烈，企业要想进一步做大规模，产品细分是必然趋势。只有进一步细分产品，做到全结构产品覆盖，才利于抢占和巩固市场份额。

产品线的产品系列较多会不会造成其相互竞争呢？

例如，宝洁公司旗下的洗发水品牌，虽然产品极多，但却互不冲撞，各自坚守着满足不同消费者需求的阵地。比如海飞丝的品牌定位是为消费者解决头屑的烦恼，其品牌广告语是"头屑去无踪，秀发更出众"；飘柔的品牌定位是让头发飘逸柔顺，洗护二合一；潘婷的品牌定位是营养头发，令头发健康，加倍亮泽，等等。宝洁公司就是通过对消费者需求进行精确、科学、系统的分析，使产品精准定位，满足不同消费者的需求，培养出一批固定的消费者。

因此，产品线的产品系列多不是造成产品混乱、相互竞争的原因，主要看产品各自的市场定位是否清晰，是否进行了科学合理的品牌和定位区隔，形成的产品组合是否实现了细分市场客户的精准覆盖，以及有效提升了公司产品的竞争力和生命力。

产品系列是构建企业产品金字塔的基础方法论。产品体系通过产品的不同系列由低系列向高系列延伸。在一个成熟品类里面，市场充分竞争以后，价格维度的销量最后都会呈现金字塔分布。产品金字塔是一个实用的框架，其主要功能是为用户提供合适的产品组合，如图 9-1 所示。

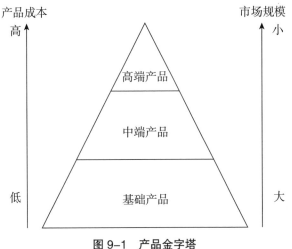

图 9-1　产品金字塔

基础产品：金字塔底部，市场容量大，竞争一般非常激烈，产品能满足用户基本需求，产品差异化小。基础产品布局以走量为主，产品毛利极低。

中端产品：产品有差异化卖点，满足用户的期望需求，价格稍微比低端产品高，产品毛利不错。企业应该多关注中端产品的布局。

高端产品：是旗舰类产品，往往具备独特的卖点，满足用户的尖叫需求，小部分消费者愿意为其买单，这类产品毛利高。如果在金字塔顶端没有吸引消费者的高利润率产品，那么应该重新考虑商业模式。

产品系列一般按价格和品质层次分类，可分为低端、中端、高端，但实际上一个产品线往往可分为 3~4 个系列以上。例如宝马轿车的 1 系、3 系、5 系、7 系等，价格、品质、目标客户定位都不同。按照功能则又能分为不同的产品线，例如按汽车的功能分为越野车、货车、城市 SUV、客车、皮卡、小汽车、商务车等。

9.2 产品线延伸是企业升级途径

企业升级的途径之一是评估产品线的结构合理性并进行科学的产品线延伸。每个公司的产品线只是该产业整个范围的一部分。如果公司超出现有的范围来增加它的产品线长度，这就叫产品线延伸，包括向下延伸、向上延伸、双向延伸 3 种。

根据产品线诊断结果决定延伸产品线长度的方式。如果诊断结果是产品线短，缺少高端产品的话，就应该采取产品线向上延伸策略；如果是产品线短，缺少低端产品的话，就应该采取产品线向下延伸策略；如果是产品线短，缺少高、低端产品的话，就应该采取双向延伸策略。

9.2.1 向下延伸

1. 高档市场向中低档市场延伸

位于高档市场的公司将产品线向低价格、低档次的市场延伸的策略即为向下延伸策略。例如，一些亚洲的手表企业最初定位在高价位、高层次市场，如精工和西铁城，随后则为低价位、低档次市场推出了手表产品。

公司向下延伸其产品线的可能原因为公司在高档产品市场上受到攻击，决定以拓展低档产品市场作为反击；公司发现高档产品市场增长缓慢；公司最初进入高档市场是为了树立质量形象，然后再向下延伸扩大生产规模，丰富产品系列；公司增加低档的产品是为了填补市场空隙，进入更多的领域，获得销量或者收入。

2. 中档市场向低档市场延伸

一家定位在中档市场的公司可能出于以下三种原因引入低端产品线。

其一，公司可能注意到低档市场巨大的增长机会，所以拓展到这个市场，以享受低档市场增长的好处。

其二，由于中档市场停滞或衰退，公司被迫缩小规模而转型市场规模更大的低档市场；

其三，公司希望引入低端产品线来牵制那些企图进入中档市场的低端竞争者。

事实上，当一家公司受到低端竞争对手攻击时，往往会通过进入低档市场来进行反击，比如说淘宝为应对拼多多的攻击推出淘特平台。但是向下拓展也会带来风险，包括淡化核心品牌的形象和蚕食核心品牌的销量。

采取向下延伸的策略时，公司会有一些风险。新的低档产品也许会蚕食掉较高档的产品，尤其是来自同一个品牌的低档产品对高档产品的这种伤害是非常明显的。此外，还可能会影响自己的品牌形象，比较典型的例子是华伦天奴在国内市场上的扩展。尽管它也意识到了这种影响而推出了分品牌、副品牌的策略，在华伦天奴的主品牌下，按照不同的副品牌的方式向市场的中低端去扩张，但是仍然影响了它高端的品牌。随着消费者对华伦天奴的购买，华伦天奴消费者过度膨胀，尤其是大量中低端市场的消费者的进入，使得高端市场的消费者离开了华伦天奴这个品牌，选择了其他的高档的品牌。因此，建议产品线向下延伸时，不要使用同一个品牌，与高档产品形成较好的区隔，如在产品系列、形状、大小、颜色、名称、功能、材料等与原产品档次形成区隔，防止对高档产品造成伤害。

案例分享

通用电气医疗系统有限公司是 CT 扫描仪的主要市场领导者，这些昂贵的诊断仪器主要在医院中使用。通用公司了解到一家日本公司打算进入该市场。其猜测日本公司的产品更小，电子化程度更高，而且更便宜。因此其最好的防御策略是在日本公司进入市场前就开发一种相似的机器提前投放到市场中占领该领域。公司有些经理认为这种低价的产品会损害大型 CT 扫描仪的销售量和利润，但公司的一位产品经理提出一个问题打消了大家的担心："究竟是我们自己去损害好呢，还是让日本公司来做呢？"

公司向低档市场延伸可能会激发竞争者将产品相应地转移到高档市场，公司的经销商也有可能不愿意或者没有能力经营低档产品，因为这些产品获利性小，并且可能损害经销商的形象。

某些公司的重大失误之一，就是始终不愿意填补市场上低档产品的空隙，例如通用汽车公司拒不生产较小型汽车。施乐公司也曾长期统治复印机市场，它生产的普通纸复印机被广泛应用于复印量较大的大型复印室，但错失了小型台式复印机市场带来的发展和盈利机遇，最终只占据了很小一部分市场份额，而日本公司一旦发现有明显的空隙，马上就会挤进去。

规避向下扩展的危险有如下办法：

（1）建立新的中低档品牌，与原来的高档品牌进行区隔；

（2）为了能够借力原来的高档次产品，可实行中低档产品双品牌，即主品牌和辅品牌。

9.2.2 向上延伸

向上延伸是在原有的产品线内增加更高档的产品系列或产品规格。实行这一策略的主要条件如下：

（1）更高档的产品市场具有较大的成长率和较高的利润率；

（2）公司的技术设备和营销能力已具备加入高档产品市场的条件；

（3）公司重新进行产品线定位。

在市场上定位低档产品的公司可能会打算进入中高档产品市场。它们也许被中高档产品较高的增长率和较高的利润率所吸引，或是为了能有机会把自己定位成完整产品线的制造商。

向上延伸的决策可能有些风险，因为市场上高档产品的竞争对手不仅会固守阵地，而且还会反过来进入低档产品市场进行反击。潜在顾客也许不相信低档产品公司能生产优质产品。此外，公司的销售代表和分销商可能会因为缺乏才能和培训，不能很好地为较高档的产品市场服务。

另外，高档产品的品牌建立可以尽量使用单品牌，而不借助中低档次品牌。

产品线向上扩展有着重要的意义。高档市场上的增加率和利润空间是有足够吸引力的，而且能够提升品牌的形象，或者避免高端消费者的流失等。

案例分享

张裕产品线向上扩展的策略值得大多数企业借鉴。张裕是国内葡萄酒的领先企业之一。国内的葡萄酒厂商主要有华夏长城、王朝、张裕等。国内葡萄酒的消费，首先是由王朝来推动的，它在天津建厂之后，提出了一个概念：葡萄酒是法国的好，而王朝葡萄酒来源于法国。通过告诉中国的消费者喝葡萄酒是一种生活方式的体现，大家要喝法国的葡萄酒，使中国的葡萄酒市场获得了第一波的推动力量，并产生整体产业的增长。

之后跟进的是中粮旗下的企业华夏长城，它告诉消费者并不是所有的法国的葡萄酒都是好的，只有波尔多地区的才是最好的红葡萄酒，而波尔多地区在北纬47度，该纬度适合种植葡萄，这种葡萄能够酿出好酒来。华夏长城告诉中国的消费者，全球有7个最好的位于北纬47度的葡萄产地，包括法国的波尔多、意大利的托斯卡纳等，还有中国的南王桑谷，而南王桑谷就是华夏长城的位于北纬47度的葡萄基地。华夏长城的广告语"酒香是波尔多的，泥土香是中国的"告诉消费者葡萄种植在中国，但酒的味道能够和波尔多的媲美。这种传播策略使得中国的葡萄酒市场获得了第二波增长。

2002年，张裕告诉消费者，不仅要考虑葡萄的产地，还要考虑葡萄的品种，而做红葡萄酒最好的品种就是解百纳，即为红葡萄酒的3种最好的原料——蛇龙珠、赤霞珠、品丽珠，它们统称为解百纳，这是法文的音译名。张裕推出解百纳之后，直接切入了高端市场。在解百纳推出之前，市场上的主流产品有两类，一类是大众消费，在超市的零售价格为36元左右一瓶；另一类是高端消费，零售价为几百块钱，甚至更高。而张裕切入的是中档市场，解百纳在2002年推出的时候，在超市的零售价是70多元，在酒吧、餐饮业是150~200元。这是当时的一个空白市场，随着中国消费者的消费能力逐步提高以及消费观念和消费方式的改变，中档葡萄酒的大众市场成长非常迅速，张裕迅速地切准了这个细分市场。

随着赞助顶级会议等一系列推广手段的使用，张裕解百纳的品牌迅速在中档消费上被更广大的消费群体所接受。很快这个产品成了市场上的主流产品，涵盖很大范围的消费群体，从较低端的商业消费到较高端的、品位性的消费都有人在饮用解百纳。在这种状态下那些高端的消费群体可能会离解百纳而去，因为品牌消费是有群体特征的，随着大量的普通消费者的饮用，那些高端消费群体可能就会觉得应该去寻找更具个性化的、更符合自己品位的产品。对张裕而言，解百纳这个产品实际上存在着被消费者分化的风险，而这种分化，可能使解百纳的高端消费群体离开。张裕应该如何应对消费者分化的问题呢？

2006年7月开始，解百纳进行了分级，分为优选级、特选级、珍藏级、大师级。70多元的解百纳都是优选级，特选级就变成了100多元，珍藏级和大师级则更贵。消费群体的分化必须通过向高端延伸产品线来解决，张裕对解百纳进行分级，不同的产品覆盖不同的群体。高端的去喝大师级，偏下一点的去喝珍藏级，现有的中端市场去喝优选级和特选级。张裕在向高端扩展产品线的过程中所采用的策略，就是为了防止消费者的流失。

9.2.3　双向延伸

双向延伸是指原来定位于中档产品市场的公司掌握了市场优势以后，向产品线的上下两个方向同时延伸。德克萨斯仪器公司以中等价格和中等质量推出了第一批计算器，然后它逐渐在低端上增加机型，从玻玛公司夺取了市场份额，之后又推出了一种价格低于惠普公司的计算器，控制了高档市场。双向延伸策略使德克萨斯仪器公司占据了袖珍计算器市场的领导地位。

双向扩展时，向下扩展可使用双品牌；向上扩展则既不使用双品牌也不使用单品牌，可策划主副品牌。

双向扩展能够构建高、中、低档次完整的产品线，对本产业的所有客户进行全覆盖，其分类标准可根据产业的特点进行市场细分。总之，产品线可通过其长度、宽度进行拓展覆盖。产业发展越成熟，产品线和产品系列越多。其最佳立足点就是规模大、利润高、增长率大并且能发挥自己优势的中档市场，然后可按照档次向上和向下双向拓展，具有不同的产品功能价值，满足客户使用产品的全生命周期。

康师傅方便面的产品线是足够复杂完整的，在不同的市场有低端客户群、中端客户群、高端客户群，针对不同客户群的产品系列上有不同特征的产品。康师傅有良好的拳头产品、引流产品、阻击竞争对手产品等不同销售功能的产品组合策略，在所有的产品线中始终主推红烧牛肉面，其他的产品并不作为主要的销量来源或者利润来源，而是为了市场覆盖以阻止竞争对手进入。

市场的竞争总会有创新存在。白象方便面意识到，所有的方便面厂家所推广的都是与肉相关的方便面，如红烧牛肉面、鸡腿面、翡翠鲜虾面等。而白象公司认为营养都在骨头里面，中国人传统观念也认为骨汤是最有营养的，所以创新了一款大骨面，在康师傅完整的产品线内切入了一个细分市场，并以此进入高端市场。当一个企业去构建这种完整产品线策略的时候，也要注意它可能的风险，要强调不同产品之间清晰的定位和价值区分，避免自身产品之间的竞争，否则就要进行相应的区隔策略。

9.3　产品系列的层级选择

产品系列的层级是指产品系列需要建设的最有利于企业目标实现的层次。产品系列多少的选择与目标市场的消费层次、产品系列的成本等有关。

在选择产品系列时应主要考虑两方面因素。

9.3.1　目标市场的消费层次

如果目标市场消费者的收入差距较大，那么消费层次就比较多，产品系列就可多一些；反之，就应该少一些。

例如，某种产品有普及型、标准型、豪华型和超豪华型4种规格，如表9-1所示。

表9-1　产品系列规划销量占比1

产品规格	占总销售额比例 /%
普及型	20
标准型	30
豪华型	35
超豪华型	15

因为产品每个规格的销售都比较多，所以表9-1中的4种产品规格都应该保留。

如果超豪华型产品规格的销量只占2%，数量太少，为了保持产品系列规格的多样化，则超豪华型可以不批量生产而只接受特殊订货。如表9-2所示。

表9-2　产品系列规划销量占比2

产品规格	占总销售额比例 /%
普及型	20
标准型	45

产品规格	占总销售额比例 /%
豪华型	33
超豪华型	2

9.3.2 增加产品系列需增加的投入与产出比

是否需要增加产品系列应该以投入成本与增量收入的比较决定。

例如，某智能手机厂商的一条智能手机产品线拟增加一个系列。已知若增加该产品系列型号，在两年内需增加固定成本，如表 9-3 所示。

表 9-3 增加一个产品系列需要增加的成本分析

成本	金额 / 元
模具费用	600000
人员工资	2000000
试制费用	500000
其他费用	400000

单台智能手机的变动成本为 800 元，销售价格 1000 元，估计年销售量为 8000 台，该产品系列型号智能手机的生命周期为 2 年。

问：是否应该增加这个型号的手机？

解：两年内共需增加固定成本：

600000+2000000+500000+400000=3500000（元）

两年内共取得边际贡献：

（1000-800）×8000×2=3200000（元）

可获利润：

3200000-3500000=-300000（元）

即会产生 300000 元的亏损，所以不应增加这个型号的智能手机。

在某些特殊情况下，增加几个销量不大、利润不大甚至稍有亏损的产品系列型号，可以树立整个产品线"系列齐全"的产品战略形象，从而产生吸引顾客购买产品线中其他产品系列的作用，提高企业声誉和竞争能力。在微利甚至稍微亏损的情况下可增加这个产品系列，既可以批量生产，也可以只接受专门订货。

9.4 打造明星产品系列

产品系列的划分就像是在军队中不同的兵种担负不同的作战任务一样，在产品阵容中也需要有不同的产品行使不同的市场职能，相互配合、协同作战，以充分迎合消费者的购买心理和行为，并打击竞争对手。通过打造明星产品系列可以不以牺牲利润为代价实现最有竞争力的价格体系优势。

要打造一个明星产品系列，有 3 个必要条件。

9.4.1 产品系列的设置与产业发展阶段、产业分化相匹配

产品系列的数量不要太多，尽可能收拢聚焦，有 3 ~ 5 个足矣，而且一定要有明星产品系列的概念和打造明星产品系列的意识。产品系列的选择和定位要与客户选择规模大的价格带相匹配，即产品要定位在产品价格带实际市场中规模大且本公司产品具有优势的价格区域。

因此，产品系列不一定一开始就设置完成，一个企业的产品系列设置和规划要与产业的分化阶段息息相关，并根据产业的发展而不断调整。如果企业处在产业发展初期，产业分化不断，根据产业的产品价格带和自身的产品战略规划，企业产品系列面可以比较宽，产品系列数量可以比较少；随着产业的发展和分化，市场需求规模的越来越大，一般按照价格带进一步细分和定位产品档次，产品系列也越来越丰富，但一般一个产品线的产品系列不超过 7 个。

案例分享

哈弗 H9 是长城汽车公司第一次生产高端越野车，尽管哈弗 H9 诞生

之初颇具争议，但较高的性价比以及改款后相对不错的产品力，还是让它收获了市场的认可。然而，由于 H9 的外形设计实在过于沉稳，并不符合如今以 80 后、90 后为主力的购车人群的口味。所以在 2020 年 7 月的成都车展上，长城旗下的高端品牌魏牌推出了一款全新的越野车——坦克 300。令长城没想到的是，这款看似冷门小众的越野车，在发布后吸引了大量的关注。自 2020 年 12 月正式上市后，坦克 300 仅用 2 个月时间销量就突破了 1 万辆。

作为一辆独立品牌的新车，坦克 300 并没有延续此前哈弗 H9 的外形，而是采用了更为个性、更有复古越野车风格的方盒子车身，整车看起来极具趣味性，正中 80 后、90 后潜在用户的下怀。也正是凭借着潮酷的设计，坦克 300 一下子就与其他的越野车拉开了差距，赚足了眼球。坦克 300 不仅是 20 万元价位中最强的越野车，甚至算得上中国市场有史以来销量最好的越野车。

由于坦克 300 实在太过成功，长城加快了坦克产品系列新车的研发进度。在坦克 300 发布仅仅 1 年后，长城就在 2021 年 8 月的成都车展上发布了全新中大型 SUV——坦克 500。该车被大家戏称为"保定陆巡"，官方指导价为 33.5 万～39.5 万元，其中包括了常规版、限量版、定制版 3 个产品规格。

由于坦克越野车产品线非常成功，根据市场细分，企业不断丰富该产品系列。2023 年 9 月 25 日，长城汽车宣布，坦克 400Hi4-T 上市，售价区间为 27.98 万～28.98 万元。坦克 400 Hi4-T 定位介于坦克 300 与坦克 500 之间，外观采用机甲风格设计，车身线条棱角分明，轮眉处还有外露式铆钉设计，突出车辆硬派效果。

2023 年 11 月份，坦克 700 Hi4-T 首发限定版亮相。

坦克 700 作为坦克品牌的首款定位中大型豪华 SUV，不管是外观造型、内饰豪华程度还是动力表现都体现出了它豪华的定位。

总体来看，长城的坦克汽车在短短几年，根据市场需求，快速搭建完成了坦克 300、坦克 400、坦克 500、坦克 700 从低到高的产品系列结构，提升了产品竞争力。

9.4.2　企业选定适销度高的产品系列

相对而言，如果企业的主流产品是刚需，主推的产品系列必然也是刚需。另外，产品系列的规划要与产业的发展趋势一致，即产品的适销度要高。

9.4.3　产品系列具有鲜明特色

有时候产品系列可能代表产品品牌，例如飘柔洗发水既是一个产品系列也是一个产品品牌。一般产品系列越高端，越易传播，也越易形成明星产品系列。如果产品系列缺乏特色，就不可能被记住和传播，也就不可能形成明星产品系列。

那么，如何打造有鲜明特色的明星产品系列呢？这要从产品特色说起，打造明确产品系列的特色也是产品战略规划的一项内容。

完整的产品系列化规划的思路如下：首先，分析顾客的需求类型；然后，根据不同类型的需求特点，在产品的质量性能和外观造型上明确体现；最后，设定一个有一定层次空间的价格体系。

第10章

产品升级：产品价值升级与规格规划

产品升级可分为产品价值升级、产品代系升级和产品规格规划，而产品代系升级在《定位—产品—体验：基于新商业逻辑打造有竞争力的产品》一书中已专门论述，本章将重点论述产品价值升级和产品规格规划两部分。

⚙ 10.1 产品价值升级

人的需求是分层次的，产品根据满足用户的不同需求被赋予不同价值，所以产品价值也是分层次的。参考人的层次需求理论，从为消费者提供的价值角度分析，创造了产品价值模型，即把产品价值塑造分为依次递进的 4 个层次：实用价值、性能价值、功能价值、精神价值。如图 10-1 所示。

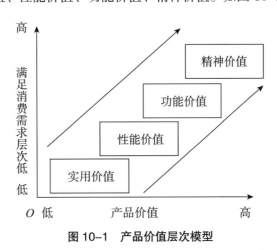

图 10-1　产品价值层次模型

（1）实用价值：指产品最基础的使用价值，满足人们最本质的欲望，例如口渴了要用水杯喝水。

（2）性能价值：指满足人在产品使用中的易用性、安全性、舒适性等，产品充满了安全、趣味性，消费者才愿意去选择产品、分享产品，比如旅游时易于携带的矿泉水。

（3）功能价值：指满足人对健康、额外功效等层面的需求，在实用价值基础上增加了产品的其他功能，例如王老吉除了解渴的功能外还有降火的功效。

（4）精神价值：指满足人对某种情感或者精神上的追求和美好向往，赋予产品精神，例如购买华为手机主要是因为崇尚华为精神。

产品的这4种价值是层层递进的，越往后往往价值越大，产品的价格也越高。现在市面上的产品并不是都具备这4种价值，基本是"实用价值+某个价值"。实用价值是产品价值的最低层次，每个产品都应该具备。

功能价值和精神价值大多数产品不具备，属于产品的高层次价值。具有这两种产品价值的属于高档产品，其价格也比较高。

因此，随着我国消费层次升级和供给侧结构性改革，企业领导和产品经理都应该从赋予或提升产品的功能价值和精神价值上思考，打造出高端产品。这是产业升级的路径，也是企业产品升级的路径。

10.1.1 如何利用产品的实用价值理论

1. 定义

实用价值就是指产品最基础的使用价值，满足人最本质或基本的需求。这是我们最常见的产品价值，也是很多产品都具有的。例如，我们在旅行中吃饭时最基础的需求是吃饱，古代饭店都是现在说的路边店，吃一碗面和一盘肉，而现在大多是豪华饭店或宾馆；再例如，手机最基础的实用价值是打电话、发信息等通信功能。

2. 特征

可从企业本身和市场两个角度分析。从企业自身的角度看，不是每个产品或品牌都适合做到精神诉求的产品定位，这需要产品品质的打造和大量资源的投入，不可盲目追求产品的高定位。如果你的产品或品牌在这个品类并没有很大的知名度，那么强调精神诉求的话，大部分产品很难达到对应的效果。产品技术、材料、客户需求、产品成本、产品价值、价格、营销体系、资源等相一致或相匹配，做好自己的产品质量是第一步，不实用则产品很难成功。从市场的角度分析，产品价值与消费环境息息相关，例如 40 年前的中国，供不应求的市场重点打造产品的实用价值。

3. 如何做

实用价值的打造是产品价值的基础。对于技术水平一般的初创企业，产品和品牌知名度不高，应该加强材料、制作工艺等基础管理，保证产品品质，控制成本，加大营销力度，实现规模效应，做好产品战略规划，总结产品基因，实现企业正常成长，为以后提升产品层次和产品价值蓄力，也可通过成本优势占领市场。

10.1.2　如何利用产品的性能价值打造极致产品

1. 定义

性能价值是产品的易用性、安全性、舒适性等赋予产品的价值。

2. 特征

性能价值是产品价值的第二层次，是产品升级、提升产品价值比较容易做到的维度。在产品的功能价值和精神价值不足的情况下，产品的性能价值是产品竞争的主要卖点。

3. 如何做

现在是注重用户体验的时代。一是减少操作步骤可以很好地提升产品的易用性，二是进行技术创新提升产品的安全性和舒适性，这都是提升产品性能价值的有效途径。

乔布斯可谓是创造性能价值的典范，其有关触屏手机想法的产生过程如下：

（1）苹果手机在开发初期，虽然很先进但是也很难使用，因为它总是带着一个键盘；

（2）我们需要一个大屏幕和一个鼠标，但是我们不愿意把鼠标带来带去，那样会很麻烦；

（3）替代方案是用触屏笔，可触屏笔很容易弄丢，该怎么办呢?

（4）干脆用我们的手指。

10.1.3　如何利用产品的功能价值打造极致产品

1. 定义

功能价值是指在原实用价值的基础上增加或升级给顾客带来的新功能，满足客户的一部分特定需求。例如，脉动饮料归属于运动功能性饮品，适合运动后饮用，这是进一步细分市场，创造新品类的典型。脉动除了解渴的功能外，还带着淡淡的纯天然橙味和清爽醒神的酸味，能够适度调节情绪；含有水溶性维生素，为人体补充每日需要的营养物质。

2. 特点

根据马斯洛需求层次理论，满足人的健康、安全、社交等功能性需求是产品价值的第三层次，是除了基本的使用价值外的产品价值，属于较高价值。比如我们在外面吃饭不只是为了吃饱，还会考虑这个餐厅提供的产品是否卫生安全、健康。

3. 如何做

那什么样的情况下强调产品的功能性价值呢?

一是消费者处于功能性风险阶段的产业。比如消费者担心开车遇到碰撞事故，存在隐形消费，技术不安全可靠等。那我们就需要在安全、健康、用户信任等功能性层面去思考产品的价值主张。

二是在某个消费场景或某一特定群体下还有未满足的重要需求。例如运动人员的饮水，除了补水，还要补充能量，才有了脉动功能饮料；在聚餐时，除了解渴还要防止上火，就有了怕上火喝的王老吉。

因此，是否采用功能性价值作为产品的价值主张，可以看产品所属产业发展的认知阶段、特定场景或人群的多个重要需求等维度。

10.1.4　如何利用产品的精神价值打造极致产品

1. 定义

精神价值是指满足人对某种情感或者精神上的追求和美好向往，是产品价值的最高层次。随着消费能力的提高未来将会有越来越多的具有精神价值的产品出现。比如百事可乐的"渴望无极限"广告语,倡导年轻人积极进取的生活态度;华为手机的奋斗精神,代表一种自立自强不断进取的精神和爱国热情。

2. 特征

可能很多企业也想强调这种精神价值主张,但这需要依靠过硬的产品功能价值和精神价值的塑造。比如,你的餐厅想要提供高端人群的社交场所,但是产品精神设计、环境装饰和服务、食材品质匹配不上,随便就喊出一个高大上的概念或口号,得不到客户的认可和信任,不能吸引对应的用户群体,其留存率也不会高。

3. 如何做

产品精神价值的塑造流程如图 10-2 所示。

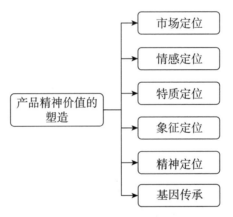

图 10-2 产品精神价值的塑造流程

(1)市场定位:首先是市场定位,根据客户定位,明确客户群。

(2)情感定位:指在客户群特征分析的基础上,根据幂次定律找出客户最关注的产品的情感因素,或者客户最希望实现怎样的情感。

(3)特质定位:指找寻产品精神特质因子并排序,找出最重要的 1~3 个精神特质。

(4)象征定位:根据精神特质,寻求产品精神形象化的已引起客户共鸣的精神赋予人或物,寻找产品故事。

（5）精神定位：指推敲打磨、提炼并最终确定产品精神及广告语。

（6）基因传承：提炼产品具有特质的产品基因，并在产品不断的升级换代中进行产品基因的传承，例如宝马车的前脸，产品升级前脸不变，只是微调变大。

在不断升级以及供给侧结构性改革的大背景下，用户会越来越偏向这种具有精神价值的产品。

产品价值理论告诉我们，产品和服务除了能提供给消费者实用价值之外，还能提供比如减少烦恼与忧愁、增加安全感、让内心平静、提升健康等功能性价值，以及提升身份和社会地位、从情感和心理上积极向上等精神价值。

总之，不断深挖消费者高层次的消费倾向，是企业真正需要聚焦的。让企业的产品成为高大上的产品，与中国消费者升级与产业转型升级的发展趋势相匹配，才能打造出极致产品，实现企业的产品价值升级。

10.2 产品规格规划

产品规格规划就是设计产品系列下的产品规格有几种不同配置结构及价格体系，优化企业整个产品体系和产品组合，提高产品之间的协同作战能力，提升企业产品的市场竞争力。

同一系列产品在性能上具有满足顾客相同需求的特点，而在材质、工艺以及非主要功能上有所区别并形成几种不同价格档次的产品。同一系列产品也可以外观保持基本一致，只在具体功能配置上有所区分或局部外观有所差异。这样同系列产品的模具可以共用，节约开模成本，增加生产系统的柔性，在促进产品多样化的同时又不会增加生产成本。

同一系列不同规格型号的产品往往代表不同的产品角色定位。同一系列中高端产品规格往往出任"形象大使"，给消费者留下最完美的印象，同时也起到价格锚定的作用；然后以中价位型号去满足绝大部分顾客追求高性价比、物美价廉的需要，成为主销型号；而低价格型号的产品往往充当阻击竞争对手的角色。

产品规格是指对预先定义的可配置产品的组件进行组合，并满足用户的不同需求，最终得到一个用户满意的产品个体的过程。同时，产品规格需要使用一定的产品规格方法并通过相应的产品规格系统来完成。一般产品规格不同价格也有差别，这也是为了形成价格锚定，明确主推型号。

产品规格的结构设计一般分为形象型、主推型和基本型 3 种类型。产品商业模式设计就是把产品进行配置分类并设定基本配置、增强主推配置和高档形象型配置几种不同性能的单品，从而进一步细分市场并引导客户选择公司主推产品规格，有利于企业从财务指标上实现产品的市场成功和财务成功。

根据价格锚点理论（指在销售过程中以某个价格作为基准，对其他价格进行比较和定价的一种心理策略），产品商业模式一般从产品细分、产品规格、目标客户群、产品属性定位、产品战略角色、价格规划和营销策略几个部分进行设计，如表 10-1 所示。

表 10-1　产品商业模式设计

产品名称	产品细分	产品规格	目标客户群	产品属性定位	产品战略角色	价格规划		营销策略
						销售价格	利润率	
	简配型							
	常规型							
	增强性							
	高档型							

产品规格设计的依据是在该细分产品消费者的需求和不同消费行为分析的基础上按照产品定位进行细分，采用不同的产品组件、材料进行组合，并满足不同目标客户群需求的产品类型。

产品属性定位从产品的功效、质量、服务等方面进行考虑，塑造产品的鲜明个性或特色，树立产品在市场上的形象。

价格规划是参考产品细分定位和价格锚点理论设计的不同配置产品的价格差。对某个产品的商业模式可参考表 10-1 的内容进行设计，也可根据自己产品的特点适当进行优化调整，如表 10-2 所示的工业产品稀油站产品的商业模式就是按照产业特点和客户关注的因素修改的。

表 10-2　工业产品稀油站产品的商业模式

产品类名称	产品细分	技术模块	销售策略	价格建议	典型项目	用户市场	销售费用	实施费用	利润率	关注重点
XGD-C160/500	常规配置	国产件	小批量	低	华新水泥	水泥行业	利润空间的20%~25%	价格的3%	利润空间扣除销售费用、实施费用与尾保后的剩余比例不少于15%	周期短，回笼在90%以上
	增强配置	主要部件为进口	大批量	适中	冀东水泥		利润空间的15%~30%	价格的4%	利润空间扣除销售费用、实施费用与尾保后的剩余比例不少于20%	主推产品，重点关注成交量
	高档配置	大部分部件为进口	小批量	高	海螺水泥		利润空间的5%~10%	价格的5%	利润空间扣除销售费用、实施费用与尾保后的剩余比例不少于25%	周期短，回笼在90%以上
XGD-C250/1000	常规配置	国产件	小批量	低	湖南雪峰	水泥行业	利润空间的20%~25%	价格的3%	利润空间扣除销售费用、实施费用与尾保后的剩余比例不少于25%	主推产品，重点关注成交量
	增强配置	主要部件为进口	大批量	适中	华新水泥		利润空间的15%~330%	价格的4%	利润空间扣除销售费用、实施费用与尾保后的剩余比例不少于25%	
	高档配置	大部分部件为进口	小批量	高	海螺水泥		利润空间的20%~15%	价格的6%	利润空间扣除销售费用、实施费用与尾保后的剩余比例不少于30%	周期短，回笼在90%以上
常规配置	两台泵，通过分配器分16路（8路/泵）；主要元器件是国产的；集中安装，适用于较小的安装场地									
增强配置	四台泵，通过分配器分16路（4路/泵）；安全性、稳定性更好；性价比较高；外观更美观；主要元器件是进口的；安装方式是油箱加地盘，适用于较大的安装场地，是主导或是主推产品									
高档配置	主要元器件是进口的									

产品商业模式一般需要界定清楚以下问题。

（1）每种单品的定位，即产品规格的内容和范围要界定清晰，明确聚焦主推哪个配置。

（2）一个产品的商业模式设计包含产品的定价策略、利润等财务指标，属于企业的商业秘密。

一般情况下，消费者对于产品价值是没有明确认知的，很容易受到价格锚点的影响。所以，大多数消费者不是真的为产品的成本付费，而是为产品的价值而付费。

总之，利用价格锚点理论，产品商业模式设计是给消费者制定更高的消费锚点，只要对比下来觉得划算，消费者就很容易产生购买冲动。既让消费者拥有"占便宜"的满足感，也自然而然地提高了企业的消费金额。

10.3　产品规格的价格分布

产品的不同型号往往以价格为主要区分度，所以价格的区分度非常重要。区分度太大或太小都起不到产品商业模式所期望的作用。所以，产品规格的规划设计一般有 3 个原则。

（1）一个产品的产品规格不宜太多，一般 3 ~ 4 个为宜，过多的产品规格会增加客户选择的困难和销售解释成本。

（2）中间型号是大部分消费者的首选。人们做选择经常受"锚定效应"影响，最高价、最低价都是"锚"，即初步接触时大部分消费者会选择中间价格的产品规格。

（3）产品每个型号之间的价格差距不宜太大，也不宜太小。一个型号的价格不宜超过低一级型号的 120%，否则客户有向下选择的惯性。

举个例子，如表 10-3 所示。

表 10-3　产品规格价格分布范例 1

标准版 / 元	专业版 / 元	旗舰版 / 元
9800	17800	31800

大家作为客户感受一下，每个版本价值不同，但客户首选价位居中的专业版的可能性最大，这个产品规格也正是企业主推的，是企业所期望客户选择的。

另外，如表 10-4 所示。

表 10-4 产品规格价格分布范例 2

标准版 / 元	专业版 / 元	旗舰版 / 元
9800	29800	59800

如果不同产品规格的价格阶梯过大，客户通过衡量后大多会放弃专业版，选择标准版"先尝试一下"的消费者会占更大比例。当然，这与价值场景是否清晰有很大关系，如果专业版针对的客户群特别清晰，那么这类客户群一看就知道自己不能选标准版，价格差也可以克服。

第三篇
产品开发战略

产品开发战略既保证产品发展方向正确，也保证产品发展节奏正确。

第11章
产品体系搭建与优化

一个好的产品体系可以有效地提高企业的竞争力，促进企业的发展。

产品体系设计可帮助企业根据市场需求和自身实际情况，将不同类型的产品线进行分类和组合，形成有机的整体。

产品体系搭建的目的在于提高企业的销售业绩和市场占有率，同时满足消费者的不同需求和价值诉求。

11.1 产品体系搭建

11.1.1 产品体系结构

产品体系是指一个企业或组织的产品线、产品系列和产品规格，按照不同的功能角色分类，呈现形式不同的产品组合，促使产品形成一个协同系统。它包括所有相关的产品、服务和相关组件，以满足不同市场和客户需求。产品体系还涉及产品的层次、分类、规划以及产品间的关联关系等，帮助企业实现产品系列化和差异化。

一个企业的产品体系不是固定不变的，随着企业发展阶段而变化。为了凸显不同的目标和作用，其产品矩阵的呈现形式也不同。不同的划分标准，其表现形式也差别较大。有些企业按照不同的产品功能划分产品线，例如奔驰汽车按照功能不同划分为货车、客车、轿车、越野车、SUV 等产品线；而某电源企业则按照技术性质将产品线分为低压产品线、中压产品线、高压产品线等。

一个企业的产品体系结构一般都可按照技术实现路线分为产品线、产品系列和产品规格等层次，如图 11-1 所示。一个企业的发展需要不断转型升级，其产品体系也要适时进行优化完善。

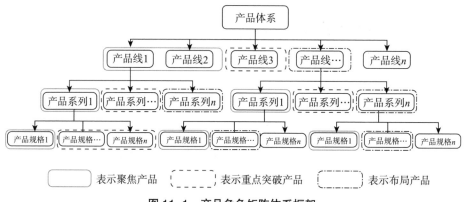

图 11-1　产品角色矩阵体系框架

11.1.2　产品线的相关性

产品线的相关性是指产品线之间的关联程度。不同产品线上的产品，其最终的用途、生产的要素、技术的要求、销售渠道等越接近，相关性越紧密，反之相关性则较疏远。一般情况，企业的多条产品线往往都具有比较紧密的相关性。

产品线从广度、深度、相关性而言都具备多样化的选择，我们不能武断地说哪一种选择更有利。所以，企业应当立足于自身的实际发展，系统地考虑市场的需求、竞争态势等因素，合理地选择适当的产品线类型。下面列举部分常见的产品组合类型。

1. 全线全面型

全线全面型产品组合的广度和深度都较大，企业拥有多条产品线，每条产品线上又有多个产品系列，并且产品线之间的关联度不做硬性要求。这样的产品组合能达到全面的市场覆盖，满足目标市场的多种需求。但是，这种组合只有规模庞大、实力较为雄厚的企业才有能力采用。

2. 市场专业型

采用市场专业型的企业有特定的目标市场，其生产经营均为了满足该目标市场的各种需要，这里要强调的是目标市场的多方面的需要，所以市场专业型组合下，产品线的相关性较小，但是产品线的广度和深度较大。

3. 产品系列专业型

产品系列专业型也就是所谓的产品系列专攻，企业只拥有少量产品线，且产品线之间相关性较强，每条产品线上的产品系列也有限。该类型旨在满足不同消费者对于类似产品的差异化需求。

4. 产品系列集中型

产品系列集中型是指企业集中在某一条产品线上，在该产品线上满足市场不同的需求。这种产品线广度最小，有一定的宽度，有利于企业集中目标市场，提高市场占有率。

5. 特殊产品专业型

特殊产品专业型是指企业凭借自己的特有技术和生产条件，有针对性地生产满足特殊需求的产品。该组合广度、深度、相关性均较小。

6. 单一产品型

单一产品型是指企业只生产单一或极为有限的产品系列。该策略具有产品线单一、批量生产较为容易、成本较低的特点。同时，在产品技术和质量上易于把控和改进，有利于产品的质量提升和品质优化。不过，单一产品型组合使得企业只依赖于单一产品的生产经营，相对而言市场风险较大。

11.1.3　产品线的划分

产品线是一个或多个相关产品的集合，通常共享相似的品牌、市场、销售渠道或技术平台。例如，苹果公司的产品线包括 iPhone、iPad、MacBook 等。

1. 产品线划分原则

一般来说，产品线划分应该基于如下原则。

（1）产品线划分本质上是一种业务划分，须依据公司的业务战略，按照某种确定的维度对产品经营领域进行分类，并明确每条产品线的业务领域。

（2）一般可按照产品功能、产品特征、技术特征、平台、目标市场等不同维度进行划分，通常以产品特征为主，或结合多个维度。

（3）产品线划分需要将可管理性和业务发展有机结合。

（4）各产品线规模应该相对平衡，产品线不宜过多，一般不建议超过6条产品线。

（5）产品线划分是动态的，随着公司战略和经营模式的改变而改变。

产品线划分后，还要进一步考虑各产品线内部的子产品线或产品系列的划分，同样需要遵循以上原则。

产品线分类的主要目的是在客户和企业之间建立联系。客户能够在同一品牌下购买多种产品，而企业则能够通过共享资源来提高效能和利润。

2.产品线的划分方法

产品线划分本质上是一种业务划分，产品线可以根据不同的标准进行分类，如技术、销售渠道、市场等。具体方法如表11-1所示。

表11-1 产品线划分方法

划分方式	说明
按产品类别 / 技术分类	指依据产品的功能表现形式、不同技术水平等进行分类，例如某手机企业分为智能手机产品线、非智能手机产品线
按销售渠道分类	指按公司产品的销售渠道细分方式进行划分，例如医药行业可分为药店、医院、诊所 / 卫生院等
按产品管理的职能部门分类	指依据产品管理的不同职能进行划分，例如某软件企业分为综合应用产品线、油田应用产品线、油藏工程产品线、地质成图产品线、数据中心产品线
按市场分类	可以分为消费产品线和商业产品线，消费产品线是面向大众市场的，商业产品线则是面向企业客户的
按产品层次分类	例如某电源企业分为低压产品线、中压产品线、高压产品线
按销售性质分类	可以分为直销产品线和分销产品线，直销产品线是通过公司的销售渠道进行销售，而分销产品线则是通过独立的分销渠道进行销售

3.产品线管理的挑战

对于企业而言，好的产品线管理能够有效地增加利润和客户忠诚度。因此，好的产品线管理要考虑到市场需求、竞争对手、技术创新和未来趋势等各种因素。尽管产品线管理的重要性无可争议，但实际上产品线管理也存在很多挑战。

首先，产品线管理需要适应不断变化的市场需求，而市场需求的变化有时比较难以预测。

其次，产品线管理需要考虑到多种因素，例如价格、技术、品质和生产成本等，而这些因素有时会互相冲突。

此外，产品线管理也需要权衡长期利益和短期利益。

产品线是企业生产和销售活动中很重要的概念。好的产品线管理能够增加利润和客户忠诚度。对于企业而言，建立一个科学、合理的产品线可以为企业带来长远的利益。

案例分享

宝洁公司在中国市场取得了巨大成功，该公司采用的是产品线和品牌管理模式。我们列出了其中的 4 条产品线，即洗发护发用品产品线、护肤美容用品产品线、个人清洁用品产品线和口腔护理用品产品线，如表 11-2 所示。

表 11-2　宝洁公司在中国市场的部分产品线

产品线	品牌	产品特点	目标客户
洗发护发用品	海飞丝	去屑护理	有头屑烦恼的人群
	沙宣	水养保湿、时尚专业	时尚，重视发型的人群
	伊卡璐	富含草本精华	注重身份，讲究生活情调
	飘柔	让秀发光滑柔顺，飘逸洒脱，具有普及性	消费能力较低的人群
	潘婷	呵护营养流失的秀发，含有维他命	注重头发营养和健康的人群

续表

产品线	品牌	产品特点	目标客户
护肤美容用品	玉兰油	美白护肤	注重皮肤保养、中等收入的女性
	SK-Ⅱ	尖端生化科技，独家专利	重视除皱美白的高收入时尚女性
个人清洁用品	舒肤佳	国际知名的个人清洁护理品牌及抗菌品牌	一般家庭
	激爽	清爽提神、活力无限，有效洁净、长效留香	城市家庭和年轻人
口腔护理用品	佳洁士	高、中、低档牙膏和各种功能型牙刷，其先进技术获得了中华口腔医学会的认可和验证	不同收入水平的家庭

11.1.4 产品系列的划分方法

产品系列的产品是互相关联或相似的，是按照一定的分类标准对企业生产经营的某个产品线下的全部产品进行划分的结果。一个产品系列往往包括多个产品规格。产品系列的划分标准有产品功能、消费上的连带性、面向的顾客群、分销渠道、价格范围等。

产品线可以根据不同的分类标准分为多个系列。如表 11-3 所示。

表 11-3　产品系列划分方法

划分方式	说明
按价格分类	按照产品的价格区间进行分类，例如高端系列、中端系列、入门级系列等
按功能分类	按照产品的功能或用途进行分类，例如智能家居系列、健康保健系列、娱乐系列等

划分方式	说明
按品牌分类	按照产品所属的品牌进行分类，例如宝洁养发护发产品线下的海飞丝品牌、沙宣品牌、飘柔品牌等
按特点分类	按照产品的特点或属性进行分类，例如防水系列、抗震系列、便携系列等
按适用对象分类	按照产品适用的人群或用户需求进行分类，例如儿童系列、专业系列、家庭用户系列等

案例分享

在联想高强度的产品更新节奏下，ThinkPad 产品系列不断变迁。截至 2017 年，ThinkPad 单是笔记本产品线就拥有 9 个产品系列，按照价格大致排列为 P、X1、T、X、A、R、S、L、E。各系列大致价格及功能定位如图 11-2 所示。

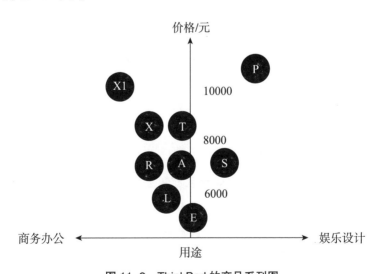

图 11-2　ThinkPad 的产品系列图

各产品系的定位如下。

1. P 系列代表移动图形工作站

P 系列是 ThinkPad 唯一的工作站系列，性能强悍、图形处理能力强，可大幅提高设计、运算工作的效率和稳定性。如此强大、全面的性能不仅适合设计师选择，也可以满足高端游戏玩家的性能需求，可谓"低调有实力"的价值典范。

2. X1 系列代表旗舰商务、未来之选

P 系列所代表的移动图形工作站可能与一般人的需求较远，普通用户考虑 ThinkPad 通常会从 X1 系列开始。X1 系列集合了 ThinkPad 所有的特性，并且更加美观轻薄，是现阶段最被认可的 ThinkPad 系列产品。在不到 16mm 厚、1.2kg 重的机身中集合了碳纤维外壳，长达 9 个小时的续航时间，具有经典的键盘和小红点、独特的可变触摸式快捷键灯带等众多特性。

3. T 系列代表性能全面、平衡之选

相比 X1 系列的未来时尚感，T 系列真正传承了 ThinkPad 全面、稳定、低调的产品精神，是绝对的主打机型。T 系列传承了 ThinkPad 一贯的黑色机身，厚度不超过 20mm，独有高舒适键盘、小红点、硬盘保护、鹰翼风扇。除此之外，T 系列还具有最多的可选配置，如 CPU（中央处理器）可选择低压或标压，显卡可选核芯显卡或独立显卡，足以满足商务人群的各类需求。

4. X 系列代表便携轻薄

X 系列随着屏幕的缩小，键盘也有相应的改变，键程更短，但是便携性得到了极大的增强。当然现在随着 X1 系列的不断轻薄化，X 系列的定位显得有些尴尬，但适合小屏电脑爱好者。

5. S 系列代表商务娱乐

S 系列是 ThinkPad 时尚化的一种尝试。其中的 S5，在商务本的外观之下隐藏着一颗游戏本的"心脏"，适合刚刚走上工作岗位，希望兼顾工作和游戏的用户。

6. R 系列代表性能升

R 系列和 A 系列是 2017 年推出的产品系列，都是 ThinkPad 产品系列中高性价比机型的代表。

7. A 系列代表性能全面、性价比高

A 系列是典型的换核产品。A475 和 A275 两款机型分别脱胎于 T 系列和 X 系列，外观配置基本相同，只是在核心处理器上用美国超威半导体公司替代了英特尔公司。由此带来的改变是整体价格便宜，性价比高。

8. E 系列代表新锐之选，L 系列代表大客户定制

E 和 L 这两个系列可谓是 ThinkPad 争议最大的两个系列，E 系列面向新进入社会的消费者，L 系列面向商用大客户。这两个产品系列产品的共同特征是价格最便宜、配置最差但是卖的最多。

按照产品线和系列构建原则，总体感觉 ThinkPad 产品线的产品系列分类有些多，可根据每个产品系列的销售量和产品利润进行归类，分别确定产品角色定位。

11.2　构建产品体系的维度

构建一个科学、合理、有助于企业发展的产品体系需要从宏观、中观和微观 3 个层次进行思考。

11.2.1　宏观：企业战略和商业模式

1. 企业战略

当前，我国大多企业处在发展转型或升级阶段。企业现有的产品体系和技术架构亟需升级和完善，对外可更好地承载越发扩张的业务规模和市场规模，对内可更彻底地发挥企业现有数据资源、业务资源和技术资源优势。

企业开始从单维度的业务服务型升级为多维度的"业务＋产品＋数据"服务型，因此产品体系应该随着企业战略的变化而作相应的改变。

2. 商业模式

随着企业产品体系更加适应当下的市场环境，业务、用户规模的不断积累与扩大，商业模式也进一步升级。

企业对外的商业宣传与商务沟通不再仅仅局限于之前的业务能力，而是增加了产品服务和数据服务能力，企业的整体能力更加健全、更加立体。立足于数据资源和业务资源的能力体系建设，结合产品发展方向，以底层数据为基，发展多类型应用层产品，构建并完善企业的产品体系，实现业务层、技术层和数据层的闭环，各产品的商业资源都能互通，实现内部资源的共享和共生。

11.2.2 中观：建设思路和产品规划

1. 建设思路

产品体系建设同单独的产品规划是完全不同的建设思路。单独的产品规划主要是模块的打磨，主要从产品或模块的中长期迭代和数据增长考虑。如果企业内部有多款产品，或许还需要同时考虑该产品同其他产品或模块的关联。

产品体系的建设则需要系统性地考虑企业内已有产品之间的关联，以及未来可能的新产品线或现有产品线新增的产品规划内容，架构起彼此之间的关联。除了充分理解现有产品各自的职能边界和业务范围，还需要梳理明确哪些产品能够共建为同一个体系，同时考虑到产品之间互补关系的协同和竞争关系的区隔，从而进行更加系统化的建设。

综上，产品体系建设思路分为盘点与梳理、寻找共性、布局未来、产品关系评估与策略、产品组合 5 步，如图 11-3 所示。

图 11-3 产品体系建设思路

（1）盘点与梳理：盘点已有产品，并梳理、明晰各产品能力特性、商业目标。

（2）寻找共性：寻找各产品间的共性，将同一体系内的产品按照产品线、产品系列和产品规格等分门别类，比如企业产品体系分为 5 个产品线发展方向。

（3）布局未来：除了依托现有的产品，还需考虑未来可能会发展或打造的产品方向，为长期的体系建设布局。

（4）产品关系评估与策略：分析各个产品之间关系，并制定互补产品的协同策略和竞争产品的区隔策略。

（5）产品组合：根据销售目标和战略，划分各产品线、产品系列和产品规格的角色定位和组合策略，使产品形成集团军的协同作战能力。

2. 产品规划

无论产品体系如何庞大，它依然是由单个产品组成的，所以产品体系规划的基础要结合单个产品的规划、产品功能或角色定位等。产品体系内的每一款产品，都有它承载的建设使命和商业目标，这个使命从它在设想阶段开始就始终与企业的产品体系战略和商业目标密切关联。至于单个产品的规划，则需要根据产品体系内各产品的特性、承载的商业目标等进行。

11.2.3　微观：用户体验和数据增长

1. 用户体验

产品的技术能力、业务能力得到用户认可，商业价值得到验证之后，用户体验就成为了产品决定性因素。

用户体验包括了产品视觉体验、产品交互体验、产品功能体验、产品相关服务体验。对于不同的体验，应该有不同的侧重点。

（1）视觉体验：每一款产品都应该打造出让人眼前一亮，明显区别于其他产品的美感或特色，比如形状、配色贴合产品所属行业和提供的服务类型，布局合理，层次感鲜明，字体、字号、颜色、组件的色彩搭配协调自然，等等。

（2）交互体验：需要不断思考和打磨能给用户惊喜感的交互体验，这需要遵循人机交互习惯，交互反馈足够自然，比如反馈交互的画面富有创意、操作简洁等。

（3）功能体验：考虑产品内各种功能的设置是否合理、是否满足用户业务场景、是否有超过用户预期的亮点，比如在满足用户基本需求的基础上还做了哪些不同程度的功能扩展等。

（4）相关服务体验：关注客服响应是否及时，机器客服和人工客服的衔接是否及时顺畅，售后服务是否到位，产品服务是否涵盖了用户使用过程中遇到的绝大部分问题，是否都有解决方案，等等。

2. 数据增长

一款产品，尤其是一款具有可持续性的核心产品，其数据指标的增长是尤为重要的，包括新用户、留存用户、活跃用户等数据。当然，不同产品的发展指标不一样，最关注的增长数据也会有所区别。

对于产品体系，整个体系数据的健康增长才是关键。各产品的定位不同、类型不同，关注的发展指标也不同，但是不变的是，数据优秀的产品是可以被利用起来带动产品体系内其他产品的数据增长的，比如产品体系内产品间的互相导流。

11.2.4　产品体系如何才能发挥最大效能

产品线体系管理是企业经营的灵魂，体现的是以产品为中心的经营原则。通过产品去影响顾客，一方面通过合理的产品定位、产品组合去有效影响到目标顾客，另一方面通过合理的产品营销策略实现良好的经营成果。

1. 按照产品体系拓展产品应用领域

产品体系很难一开始就规划得很完备，大多都是随着应用场景的不断延展，服务能力的"触角"不断变长、变多。产品体系也要不断丰富，拓展相近领域，产品系列不断延伸。更好地做好某一垂直领域，不要受制于原核心产品的限制，比如一个做供应链物流调运信息化平台的企业，一开始只有汽运调度一个产品，后来业务拓展，开始做铁运调运，再后来开始做多式联运，虽然多款产品，但核心都是为客户提供调运的解决方案。

这些产品矩阵的特点是场景垂直服务、协作形成生态，是相互贯通、力量叠加的组合拳，绝非各自独立。因此，产品体系的典型特点是要数据相通、定位全局。比如，可以由用户根据不同的场景来选择不同的产品，但账号数据是相通的，每个子产品相当于模块化的功能包，按需选购，核心在于数据相通，这是为了满足该产品体系所期望实现的整体解决方案。

2.通过产品体系凝聚产品之间的协同

产品矩阵体系的定位要聚焦，一定要围绕着整体解决方案，是相关系列产品的集成表达。要防止一个企业的产品繁多，貌似是矩阵，但实际却一盘散沙，各自分散，没有形成产品矩阵体系的协同效力。

一般的销售促销效果是通过产品的体系化销售来保障的，为了取得良好的销售效果，需要精心考虑产品矩阵体系和产品组合，以清晰的战略和产品的组合的协同效应达到理想的效果。

产品体系帮助企业解决如何选择核心品类、如何确定辅助品类的问题，为营销资源分配提供重要依据；产品组合则是确定产品在销售中扮演什么样的角色，比如谁负责引流，谁负责带销量，谁负责赚利润，谁负责品牌形象，谁负责阻击竞争对手。

因此，产品组合是企业为了满足日益细分的顾客差异化需求，用一个产品系列来覆盖企业想要的细分市场，是企业对消费者细分市场和消费购买偏好变迁的一种回应。

使用产品组合策略的目的如下。

（1）扩大产品组合的广度，利用企业现有设备增加不同产品规格的生产。

（2）发展产品组合的深度，以满足市场对同类产品的不同要求，提高市场占有率。

（3）强化产品的关联性，从本企业降低成本、提高质量出发，尽量缩小产品组合的广度和深度，集中生产少数产品。

3.产品体系帮助企业发现新的发展空间

可根据产业成长地图与自己产品矩阵体系进行比较，发现空白细分市场，并相应开发新产品或新品类，开拓发展空间。

（1）向产品发展地图中的空档发展。可以通过发掘尚未被满足的那一部分需求来增加产品系列。由于竞争对手不存在，那么抢先占领市场的可能性就会很大。

（2）向产品定位图中的薄弱环节扩展。寻找竞争对手不稳定的产品系列，然后对症下药，开发新的产品。

（3）根据产品组合的定位，弥补产品组合的薄弱产品。

4.产品体系帮助企业梳理产品相关度

产品线的相关度是指不同的产品线在性能、用途、渠道等方面可能有某种程度的关联。产品组合还有产品线内的组合，一般是使用组合，购买销售或使用的互补产品。

11.3　产品体系优化

企业的产品体系总是不断发展变化的。随着市场环境和自身经营条件的变化，有些产品可能增长较快或利润较高，但也有部分产品会出现衰退或无利可图的情况。这就要求对产品体系不断优化，以取得最大的利润。产品体系优化是指企业根据市场不断变化的环境和资源，适时开发新产品并淘汰已衰退的产品，以保持销售额和利润最优化的产品组合。优化产品体系主要有以下策略。

11.3.1　扩大或缩减产品线的广度

产品线的广度指一家公司所拥有的产品线的多少。公司拥有的产品线越多，说明产品线的广度越大。同一产品线上的产品，往往有某种类似的特性。扩大或者缩减产品线的广度就是增加或者减少所拥有的产品线的数量。

当公司预测现有产品线的销售额和盈利率在未来一段时间可能上升时，就应该考虑增加新的产品系列。扩大产品线的广度，有利于公司充分利用现有的资源，发掘生产潜力，更广泛地满足各类需求，占有更宽的市场覆盖面。

当市场不景气或者能源、原材料供应紧张时，缩减产品线中获利小的产品，可以使公司集中资源，发展获利多的产品。缩减产品线的广度，便于公司集中力量，实行专门化生产或经营，更深入地满足某一类需求，但风险较大。

案例分享

联合利华产品的三大领域为食品饮料、个人护理、家庭护理，也可以概括为食品与日化两大领域。

联合利华善于进入新的市场与品牌收购，并且不强调"联合利华"这一品牌，让旗下产品各自为营以独立品牌出现。这种扩大产品线的策略虽然没有充分利用企业信誉和商标知名度，但是在品牌出现市场波动或负面影响的时候也能，降低损失程度。

11.3.2　扩大或缩小产品线的长度

　　产品线的长度指一家公司所拥有的产品品种的平均数，即全部产品品种除以全部产品线数所得的平均数。扩大或缩小产品线的长度，即增加或减少产品的品种数量。产品种类越多，产品线也越长，越有利于消费者的选择；而较短的产品线，有利于产品的大批量生产和销售，避免脱销。

案例分享

　　1. 华为扩大产品线长度

　　华为采用了扩大产品线策略，不断增加其产品线以适应市场需求和满足不同客户的需求。

　　（1）华为在智能手机领域不断推出新的产品系列，如华为 P 系列、Mate 系列和 nova 系列等。每个产品系列都有不同的特点和目标群体，以满足不同消费者的需求。

　　（2）华为还推出了多款智能穿戴设备，如华为手表、华为 Band 等，为用户提供全面的健康监测和运动追踪功能。

　　（3）华为在通信设备领域也有广泛的产品线，包括无线网络设备、企业解决方案、数据中心设备等，以满足不同行业和客户的需求。

　　2. 小米缩小产品线长度

　　2018 年根据产业发展、市场需求变化及竞争对手的产品体系演化，小米公司对产品线整合整理，缩减合并掉 3 个系列：MIX 系列缩减掉并与正统小米数字系列合并；Max 系列和 Note 系列合并，成为新 Note 系列；C 系列和 X 系列合并，成为新 C 系列。

11.3.3　扩大或缩小产品线的深度

扩大或缩小产品线的深度，即从增加或减少产品规格的角度来考虑调整产品体系。一般来讲，当公司打算增加产品特色或者为更多的细分市场提供产品时，可以选择在原有产品线内增加新的产品规格；当公司在市场上处于劣势，或者能源、原材料供应紧张时，可以选择在原来的产品线内缩减产品规格。

11.3.4　提高或降低产品线的紧密度

产品线的紧密度就是不同产品线之间的关联度与相似性，提高或降低产品线的紧密度就是提高或者降低各个产品线的相关程度。产品线的紧密度越高，各产品线的相关程度就越高，这样有利于巩固公司在产业中的地位，公司可充分利用现有的生产条件、市场销售条件，对产品线进行相对较好的管理；产品线的紧密度越低，产品线之间的相似性越低，公司所涉及的产品领域或产业就越广泛，这样会加大产品体系管理的难度，管理费用也会相应提高。如果产品线的紧密度太低就会有市场空白没有覆盖，如果紧密度太高产品就会重叠、内耗。比如很多药妆公司都推出了一系列祛痘类、抗衰老类、彩妆类产品，由于产品相似度过高，消费者很难对这些产品进行区分和选择。

对中小公司来讲，因为资源和生产能力有限，应该较多地选择提高产品紧密度的方向。

第12章
新产品开发战略

　　企业新产品开发战略决策的过程也是产品结构优化的过程。企业遵循一定的优化原则，考虑多方面的有利条件和制约因素，运用科学的决策方法和手段，对多种产品组合的方案进行论证、比较，直至最终找出不同产品的最佳组合。企业产品的组合随市场需求、资源条件和经营环境等各种因素的变化而变动。

　　产品组合的优化只有通过不断开发新产品，改进或淘汰老产品，适时调整企业产品战略来实现。

　　企业新产品开发的实质是推出不同内涵与外延的新产品。从广义而言，新产品开发既包括新产品定位与研发，也包括原有的老产品改进与换代。新产品开发是企业研究与开发的重点内容，也是企业生存和发展的战略核心之一。新产品开发是指应用新技术开发满足现有的需求和期望或未来需求的产品。新产品开发思考的内容主要是寻找隐含的和未来的需求和期望，并将其转换为明确的功能要求。新产品在预期用途上通常会产生新的功能和性能，在功能和性能上也常以"代"相称，例如第五代飞机就是根据未来战争的作战环境和雷达技术的进步，其代系标准指标增加了机动性、隐身性、战场感知能力等指标。

　　新产品开发战略是在现有市场上通过改良现有产品或开发新产品来扩大销售量的战略，例如原来只生产化妆品现在增加生产洗涤用品。新产品开发战略是在产业发展规律和市场发展需求的基础上，企业根据当前的新技术和产业分化向现有市场提供新产品，以满足顾客新需要，增加销售的一种战略。

这种战略的核心是激发顾客的新需求，以高质量的新品种引导消费潮流。企业为定位好的现有顾客提供新产品，应了解顾客需求对现有产品的意见和建议，根据他们的需要去开发新的产品，增加产品新功能、新性能，或者开发不同质量、不同规格的系列新产品，充分满足消费者的新需要，达到扩大销售的目的。

12.1　新产品开发类型

新产品开发在企业经营战略中占有重要地位。新产品是指产品的结构、物理性能、化学成分和功能用途与老产品有本质不同或显著差异的产品。新产品开发战略可分为领先型开发战略、模仿创新型开发战略、引进型开发战略、混合型开发战略 4 种。

12.1.1　领先型开发战略

采取领先型开发战略，需要企业基于产业发展趋势加大新技术的研究和应用，努力追求产品技术水平和最终用途的新颖性，保持技术上的持续优势和市场竞争中的领先地位；通过自身的努力和探索产生技术突破，并在此基础上依靠自身的能力推动创新的后续环节，完成技术的产品化，达到预期目标的创新。这要求企业有很强的新技术研究与开发能力，以及拥有雄厚的资金资源。领先型新产品开发战略的特点是代价高、风险大、收益大。适用于研发能力、财力均很强的企业。

例如，创建于 1929 年的高科技电子公司——美国摩托罗拉公司。摩托罗拉公司贯彻高度开拓型的新产品开发战略，其主要对策如下。

（1）技术领先，不断推出让顾客惊讶的新产品，进行持续性的技术研究与开发，投资建设高新技术基地。

（2）重视产业规律、产业发展趋势和市场需求研究。新产品开发注重速度时效问题，研制速度快，开发周期短。

（3）以顾客需求为导向，产品质量求完美，追求产品的前瞻性，给客户以惊喜，引领市场。

（4）高度重视市场占有率，加大开发投资，创造出差异化的新产品领先上市。1994 年该公司研究与开发投资达 15 亿美元，占其销售收入的 9%。

（5）重视组织管理创新，不断提高运营效率，实施著名的 G9 组织设计策略。该公司的半导体事业群成立 G9 组织，由该事业群的 4 个地区的高阶主管，所属 4 个事业部的高阶主管，再加上一个负责研究与开发的高阶主管，共同组成横跨地区业务、产品事业及研究开发专门业务的 "9 人特别小组"，负责研究与开发的组织协调工作，定期开会及追踪新产品开发的工作进度，并快速、机动地作出决策。

（6）重视教育培训，不断提升人力资源。该公司全体员工每年至少有一周时间进行以学习新技术和质量管理为主的培训。

12.1.2　模仿创新型开发战略

采取模仿创新型开发战略的企业并不抢先研究新产品，而是当市场上出现销售较好的新产品时，进行仿制并加以改进，迅速占领市场。这种战略要求企业具有较强的跟踪市场竞争对手情况和新产品的发展动态的能力，具有很强的消化、吸收与创新能力，但容易受到专利的约束。

因此，模仿创新型开发战略能够帮助企业最大程度地吸取成功的经验与失败的教训，吸收、继承与发展创新者的成果。当然，模仿创新型开发战略不是简单地模仿，而是巧妙地利用跟随和延迟所带来的优势，化被动为主动，变不利为有利的一种战略。该种研发战略的特点是投资少、风险小、见效快，不需要太多的资金和尖端的技术，因此比研制全新产品要容易得多，但企业应注意对原产品的某些缺陷和不足加以改造，并结合市场的需要进行优化改进，而不应全盘照抄，适用于对技术消化吸收能力强的企业。

主要对策如下。

（1）公司重视市场新技术和新产品的出现，跟随市场的能力强，一般拥有关注市场信息和动态的机构和人员。

（2）有效降低成本，以价格优势竞逐市场。

案例分享

　　模仿式创新产品成功的标准有两个：要么后来居上超越领先者成为行业第一，要么成为该类产品的第二选择。回首康师傅独霸中国方便面行业半壁江山的发展史，我们可以看到其模仿式创新的清晰轨迹。康师傅用了哪些关键措施超越了"大佬级"对手？

　　关键措施1：抓住产品的核心消费群及其需求特点。

　　从理论上看，模仿式创新能够超越创新者的原因很简单，即比创新者更准确地把握住了产品消费者的需求特点。因为产品在物理、技术、制造层面的创新实际上只是完成了产品市场化的第一步，更关键的步骤是将产品创新转化为消费者的真实购买。而恰恰是在将创新产品转化为购买率，将购买率转化为市场份额，将市场份额转化为行业地位的过程中，成功的模仿式创新产品比原创产品做得更好。康师傅进入大陆市场时并没有特别的优势，在资本、技术、产品、品牌、推广等各方面都只是一个普通的竞争者。当时的日清、统一等都在所谓的"高档面"（口味更好、更营养的方便面）上动脑筋。与行业老大的策略不同，康师傅果断地选择了"大众化"的道路。康师傅实际上是第一个放弃"营养化"路线的方便面，因为对于那些火车上的旅客或临时代餐的目标消费者来说，价格是一个重要的战略竞争要素。要实现规模化，产品不能复杂，尤其消费者利益必须简单。于是，"好吃看得见"逐步被"就是这个味""这个味对啦"等一系列以"味觉"为核心的产品诉求广告代替。康师傅红烧牛肉面不是最好吃的，更不是康师傅的原创，但康师傅红烧牛肉面却是销量最大的方便面单品，因为只有康师傅率先且持续地抓住、强化了红烧牛肉面的消费者利益聚焦点——味道。

　　关键措施2：实现产品品牌化。

　　康师傅把握了方便面的战略重心，也确定了方便面品类的产品概念，但将产品品牌化而不是品牌产品化则是一个冒险而大胆的决策。产品品牌化就是将企业众多产品线里最优秀的产品作为品牌的核心识别。比如，康师傅将红烧牛肉面作为康师傅方便面的核心产品及品牌的核心识别符号。

关键措施 3：进行产业战略布局。

产业战略布局是指为支撑市场销售建立的物流、生产布局体系。至 2009 年，康师傅设了 139 个物流仓库，直径每 500 千米内都有方便面生产基地，使得运费控制在销售价格的 5% 以内。

通过对康师傅后发制人、后来居上的关键举措的回顾我们可以看到，模仿式创新产品完全可以通过"系统创新"超越对手，因为在产品市场份额、行业地位的确立中，产品的市场营销、经营战略起着至关重要的作用。

模仿式创新产品超越领先者成为行业第一，除了模仿者的努力，还与市场环境、对手的战略失误等非企业要素关系密切。也就是说，模仿式创新产品要后来居上是有一定运气成分的。模仿式创新产品要成为"行业老二"，则是相对容易达成的目标。模仿式创新产品成为"老二"有 3 个要点，即跟得紧、跟得快、有个性。

首先要跟得紧。紧紧盯住领先品牌的核心产品，进行对标学习、模仿、超越。如某手机品牌推出的针对中低收入女性消费群的音乐手机，其竞争力就是成本优势，运用韩式风格，以大广告（卫视）、价格优势、终端拦截三板斧切入市场。这些举措充分借鉴了诺基亚、摩托罗拉等领先手机品牌的营销手段，符合中低端手机消费者的关键选择要素，取得了较好的效果。

其次要跟得快。模仿式创新产品要快速跟进原创或领先产品，抢夺市场先机。国人皆知的大白兔是牛奶软糖的第一品牌，甚至凝结了生活在 1960 —1990 年三代人的消费情感记忆。"七粒大白兔，等于一杯牛奶"是大白兔根据热量等值换算出的一句独特的产品销售语。在牛奶匮乏的年代，大白兔奶糖是国人补充动物蛋白的替代产品。20 世纪 90 年代后期，某奶糖横空出世，抢夺大白兔奶糖的市场份额。该奶糖不仅模仿了大白兔奶糖的扭结、蓝白风格等产品形态及包装风格，甚至在产品诉求上采取了更加夸张的广告——"三粒某奶糖，就是一杯好牛奶"。这种模仿式创新产品，确实令领先品牌感到非常难受，就像美国营销史上百事可乐纠缠可口可乐的广告攻势一样。在策略上，模仿领先对手的核心产品特点，是模仿式创新产品快速上位、成为"老二"的不二法门。

最后要有个性。既要跟得紧、跟得快，还要避免缺乏个性，这是个有点难度的事情。举一个模仿式产品个性不足导致失败的案例，某家电品牌旗下的小家电业务单元因产品缺乏个性，最后落得整体出售的结局。原因在于，该家电品牌的豆浆机等产品与九阳、美的相比，没有建立起有竞争力的比较优势。无论是产品的设计元素，还是定价、终端、广告，该家电品牌的生活电器都没有超越美的，失败的结局在所难免。

产品"漂亮"并不重要，重要的是漂亮的产品是否有个性，尤其是与领先竞争对手的产品有没有差异点。如果产品缺乏个性，市场营销手法又与领先者没有本质差异，失败的概率就会很大，该家电品牌生活电器的失败充分说明了这一点。

模仿式创新产品本质上是对标式策略创新产品，产品的成败不仅取决于产品的"模仿近似度"，更在于围绕产品的元素创新、经营方式创新，这是模仿式创新产品后来居上的关键成功要素。

12.1.3　引进型开发战略

采取引进型开发战略的企业有偿引进其他单位的技术研究与开发成果，替代自己进行技术研究与开发新产品。研究与开发力量不强、资源有限的企业适宜采用这种战略。优点是进行引进可以达到收效快、成本低、风险小的效果。缺点是可能利润较少，同时企业技术水平将永远落后在技术输出企业的后面。从长远来看，过多地依赖引进，势必逐渐削弱企业科技队伍的独创能力和活力，使企业受损，因此技术引进战略在大企业中一般只能作为辅助性的战略。

主要策略如下。

（1）利用别人的科研力量来开发新产品，通过购买高等院校、科研机关的专利或者科研成果来为本企业服务。

（2）通过获得专利许可进行引进模仿，把他人的研发成果转化为本企业的商业收益。

案例分享

海尔集团创立于 1984 年，经过艰苦奋斗和卓越创新，从一个濒临倒闭的集体小厂发展壮大成为在国内外享有较高美誉的跨国企业。

海尔在新产品技术引进后，没有仅停留在技术引进上，而是学习、超越。根据消费者的需求，对引进技术再开发、不断创新的精神使海尔变得越来越强大。当时中国很多企业在引进国外技术之后大多再继续引进，而海尔则是以引进技术为基础，结合中国市场、中国消费者的需求来进行创新与提高，这种创新与提高既可解决用户的难题，又可以解决市场经营的难题。海尔"小小神童洗衣机"的创新就是一个典型案例。

那是 1996 年，当时夏季快要到了，海尔洗衣机的销售出现下降趋势。营销人员说，夏季是销售洗衣机的"淡季"，因为夏天人们每天换洗衣服，不会再用一台 5 kg 的洗衣机来洗，因为感到既麻烦又浪费水，因此，洗衣机卖不出去。这个行业多少年来都是这样。

产品经理认为，这个问题的关键不是人们在夏天不用洗衣机洗衣服，而是海尔没有拿出一款可供消费者夏天使用的洗衣机。如果有这样"夏日即时洗"的产品，市场销量就不会下降，海尔应该研制一种 1.5 kg 小容量可供夏天即时洗的洗衣机。当时有的技术人员认为，现在日本也没有这种洗衣机，我们难以引进。后来大家学习日本科研人员将引进的欧美家电产品改造成适合日本国情的产品并且又畅销世界各地的经验。技术人员不但解决了技术上的难题，也解决了产品缩小后成本难以下降的问题，很快研制成功投放市场。

这款产品一推到市场上，便引起了前所未有的轰动，1996 年到 1998 年在中国市场就销售了 150 多万台。海尔是中国市场唯一一家有这种小容量洗衣机的企业。不仅中国消费者喜欢这款产品，外国消费者也十分喜欢。该款产品从 1999 年开始先后出口到美国、日本、加拿大、澳大利亚、西班牙、韩国、泰国、新加坡等 68 个国家。一款"小小神童洗衣机"既解决了消费者夏日洗衣问题，又创造了一个新的市场。这个案例说明了没有创新的引进是没有出路的。

12.1.4　混合型开发战略

该战略是指以提高产品市场占有率和企业经济效益为目的，依据企业实际情况，混合使用上述几种产品开发战略。

以上产品开发战略中，第一类新产品开发战略，一般企业实施较难，只有大型企业或特大型企业在实行"产学研"联合开发的条件下，才能仿效；第二、第三、第四类开发战略，多数企业选择和实施较为容易，且能迅速见效。中小型企业应根据自身的技术研发能力和新产品市场销售目标，考虑选择第二、第三或第四类新产品开发战略。

12.2　新产品开发战略途径

新产品开发战略在企业经营战略中占有重要地位。新产品开发的适宜条件如下。

（1）企业产品具有较高的市场信誉度和顾客满意度。

（2）企业所在产业属于适宜创新的高速发展的高新技术产业。

（3）企业所在的产业处于成长期，当前属于高速增长阶段。

（4）企业具有较强的技术研究和开发应用能力。

（5）主要竞争对手以类似价格提供更高质量的产品。

从新产品的创新性视角，新产品开发可分为以下 4 种情况。

12.2.1　挖掘开创新品类

开创新品类的思路应该先从产业分化和发展的视角思考，一般是企业产业处于成长期，产业市场继续细分，产品分化机会多，产品体系正在快速完善。具体做法为在分析产业发展和分化规律的基础上，从消费者需求出发，不断细分市场，重新定义新品类的市场。

通过问题分析、缺口分析、细分市场、相关产品归类等方法，以顾客为关注焦点，分析、满足顾客的现实需求、潜在需求和未来需求。例如，市场补缺战略就是满足特殊顾客的要求或者顾客的特殊要求，加大投入技术研发力度，创新开发出具有新功能或突出某项功能的新产品。

例如著名的体育用品制造商——耐克公司，通过市场调查，进一步细分客户群，不断开发适合不同运动项目的特殊运动鞋，如登山鞋、旅游鞋、自行车鞋、冲浪鞋等新产品，丰富自己的产品线和产品系列，开辟了无数的补缺市场，同时也进一步完善了产业的产品体系。

再比如某国内知名彩电品牌公司。该公司决定投放彩电时，国内彩电市场早已拥挤不堪。长虹、海燕、金星、飞跃、凯歌等国产品牌自成体系，各据一方；索尼、东芝、日立、松下等外来品牌凭借技术强势冲击中国市场。更为严重的是，当时国内彩电市场已经供过于求。面对众多的相对成熟的国内外彩电品牌，该公司发现它们都忽略了一个重要市场——国内高质低价的大屏幕彩电市场。本土品牌尚没有开发出大屏幕彩电，针对这个新品类重新定义需求并针对性开发新产品，进行相应的市场宣传和定位，打开一个新品类市场是新产品开发的好思路；而且外来品牌大屏幕彩电价格普遍偏高，大众消费者无法承受，一时难以普及。该公司看准竞争对手的薄弱环节，"乘虚而入"，不失时机地填补了这一空白，终于取得了成功。

12.2.2　全新型新产品开发

全新型新产品是新颖程度最高的一类新产品，它是运用科学技术的新发明而开发和生产出来的，具有新原理、新技术、新材质等特征。选择和实施此战略，企业需要投入大量资金，拥有雄厚的技术基础和开发实力，同时花费时间长，并需要一定的需求潜力。因此，企业承担的市场风险比较大。调查表明，成功的全新产品在新产品中不足 10%。例如，汽车是交通工具的全新产品，苹果智能手机是手机的全新产品。

12.2.3 挖掘产品新功能

挖掘产品新功能，就是通过功能分析、用途分析、品质扩展、系统分析、独特性能分析、弱点分析等方法，分析企业现有产品存在的问题，挖掘产品新的功能、新的用途。在现有产品的基础上挖掘新的产品功能，是一条风险较小且能迅速获得市场认可的新产品开发途径。这是典型的开发改进型新产品战略，既可以在技术上得心应手，又可以利用原有的产品品牌来推广新产品。所开发的新产品与原产品相比，只发生了量的变化，即渐进的变化，同样能满足顾客新的需求。这是代价最小、收获最快的一种新产品开发战略，但容易被竞争者模仿。例如，在收音机的基础上采用自录音技术开发成收录两用机，在手机上开发照相功能，生产"困了，累了，喝红牛"的红牛和"怕上火，就喝王老吉"的王老吉等功能性饮料，都属于挖掘新功能的新产品开发范例。

12.2.4 换代型新产品开发

换代型新产品是指一个产品两个代系之间新技术的应用，使原有产品发生了质的变化。不同产业的换代性产品的时间差不同，例如汽车的代系差为 5 ~ 7 年。选择和实施换代型新产品开发战略，只需投入较少的资金，费时不长，就能改造原有产品使之成为换代新产品，具有新的功能，满足顾客新的需要。

12.3 新产品开发导向

不同产业、不同企业的新产品开发导向不同，一般以时间、技术创新、市场 / 客户、定价、场景 5 个维度为导向进行新产品开发。

12.3.1 以时间为导向

如果新产品开发战略强调的是新产品何时进入市场，则该新产品开发以时间为导向，即进入者可以按时间计划进入市场。

首先进入市场的公司会获得回报，创新与创造新产品的长期成功之间存在很强的相关性，这时公司开发新产品注重上市时间策略。上市时间策略的重点是率先将优质产品推向市场，强调速度和高效的流程以获得竞争优势。

例如 Netflix（奈飞）公司以独有的产品战略，最大限度地提高采用率和保留率。作为世界上最大的流媒体平台，Netflix 的核心服务是订阅，包括无限制地访问内容。其产品战略强调利润增长，每月保留率是一个关键指标。它越来越注重提供高质量的原创内容，以将消费者的眼球固定在屏幕上。Netflix 依赖于一个强大、值得信赖的品牌，承诺"让电影享受变得简单"。其强大的品牌、易用性和个性化是竞争对手难以复制的。

12.3.2　以技术创新为导向

技术与市场并称为公司的两大创新引擎。说到技术创新的驱动方式，先看一个福特公司的例子。

1908 年福特 T 型车正式推向市场，很快就赢得了美国消费者的热爱，取得了巨大的市场成功。这个巨大的成功是和 T 型车所包含的重大创新密不可分的。实际上，T 型车的诞生不仅仅是一种车型或者设计的创新，更是汽车生产方式乃至大工业生产方式上具有划时代意义的创新。

最初推向市场的 T 型车，每辆定价只有 850 美元。这背后的生产效率差异是，同时期其他公司装配出一辆汽车需要 700 多个小时，福特仅仅需要 12.5 个小时，而且随着流水线的不断改进，十几年后，这一速度提高到了惊人的每 10 秒钟就可以生产出一辆汽车。与此同时，福特汽车的市场价格不断下降，1910 年每辆 T 型车降为 780 美元，1911 年下降到 690 美元，1914 年则大幅降到了 360 美元，最终降到了 260 美元。

福特公司先进的生产方式为它带来了极大的市场优势。第一年，T 型车的产量达到 10660 辆，创下了汽车行业的纪录。到了 1921 年，T 型车的产量已占世界汽车总产量的 56.6%。T 型车的最终产量超过了 1500 万辆，福特公司也成为了美国最大的汽车公司。

到了 20 世纪 20 年代中期，由于产量激增，美国汽车市场基本形成了买方市场，道路及交通状况也大为改善。简陋且千篇一律的 T 型车虽然价廉，但已经不能满足消费者的需求。面对福特汽车难以战胜的价格优势，竞争对手通用汽车公司转而在汽车的舒适化、个性化和多样化等方面大做文章，以产品的特色化来对抗廉价的福特汽车，推出了新样式和新颜色的雪佛兰汽车。雪佛兰一上市就受到消费者的欢迎，严重冲击了福特 T 型车的市场份额。

然而，面对市场的变化，亨利·福特仍然顽固地坚持生产中心的观念。他不相信还有比单一品种、大批量、精密分工、流水线生产更加经济、更加有效率的生产方式。他甚至都不愿意生产黑色以外的其他颜色的汽车。亨利·福特曾宣称："无论你需要什么颜色的汽车，福特只有黑色的。"

每当通用汽车公司推出一种新产品或新型号时，福特总是坚持其既定方针，以降低价格来应对。但是，降价策略成功的前提是市场的无限扩张。1920 年以后，市场对于 T 型车这样简单的代步型汽车的需求已经饱和，消费者需要的是更舒适、更漂亮、更先进的新型汽车。1926 年，亨利·福特做了最后一次绝望的努力，宣布 T 型车大减价，但过去的效果不再有了。这一年，T 型车的产量超过了订数。亨利·福特继续坚持大批量生产，结果就是巨大的库存积压。最终，亨利·福特也不得不承认失败。1927 年，T 型车停止了生产。

从福特公司的例子可以看到，福特公司以技术创新为驱动，从而带动了本身产品价格的降低、品质的提升，从而成就了庞大的市场份额，但在后来又因为无视市场的要求遭到了失败。

技术设计是对自然知识的应用，市场是对消费者心理需求的把握。

工程师如果有新的设计，那么他们会以新设计为驱动方；营销人才发现了人们心理需求的改变则会以市场为驱动方。这通常表现为相对强调技术创新：

（1）新产品开发代表现有市场中的技术创新；

（2）为现有产品寻找新的市场应用；

（3）开辟一个全新的市场。

12.3.3　以市场 / 客户为导向

制定新产品开发战略的另一种常见方法是围绕目标市场或目标客户的维度。以市场 / 客户为导向产生了 5 种不同类型的产品开发策略。

（1）使用现有资源开发新技术并在现有市场上销售产品。

（2）通过收购或与其他实体（如大学研究中心）建立合作伙伴关系。

（3）采用现有产品并尝试在新市场中为它们寻找应用，例如设计游戏的公司可能会销售类似游戏的应用程序来帮助测试新申请人。

（4）保持现状，继续将现有产品推向当前市场，并试图在价格、利润或分销方面展开竞争。

（5）采用渐进式方法，在产品和市场上进行低度或中度创新，并更多地坚持修改现有产品。

以市场 / 客户为导向的战略利用客户洞察和竞争定位来推动业务决策，确保客户满意度并培育独特的市场优势。

例如，可口可乐的产品战略完全取决于顾客的声音。"如果我们拥抱消费者的发展方向，我们的品牌就会蓬勃发展，我们的系统也会继续发展。这是我们前进的方向。"可口可乐已完全关注消费者以及他们对饮料的需求。例如，随着消费者口味的变化，他们倾向于选择含糖量较低的产品，可口可乐也随之改变。

近年来，可口可乐根据消费者想喝对身体有好处的饮料的需求推出了新产品，从果汁到椰子水，再到有机茶。有些人呼吁比经典的可口可乐罐装更小、更方便的包装，可口可乐的策略是继续倾听顾客的声音并回应。

12.3.4　以定价为导向

定价为导向策略涉及采用溢价或价值定价方法来塑造竞争力和盈利能力，同时考虑客户偏好和市场动态。

例如，宜家的新品开发战略是注重低成本和稳定的质量水平。最初该公司向供应商出租设备并提供培训以确保质量，后来当它成为一个国际品牌时重组了供应链，以管理数量庞大且分散的供应商。凭借其在供应链管理方面的核心能力，宜家可以推行产品差异化战略，为不同家庭提供家具。

12.3.5 以场景为导向

现在的消费者越来越注重产品体验、用户体验，通过产品的体验感增强对产品的认识、信任。新商业逻辑时代是产品为王的时代，打造好产品并做好用户体验设计是新产品开发战略成功的前提。

如何做好以场景为导向的新产品开发呢？

新产品开发流程分为研究产业格局、分析目标场景、服务场景的新产品设计、营销打透场景和场景溢出 5 部分，如图 12-1 所示。

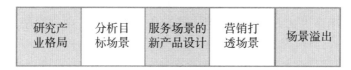

图 12-1　以场景为导向开发新产品流程

1. 研究产业格局

进入任何一个产业，都要研究当前产业的现有格局，构建产业发展地图和产品价格带，寻找产业的分化机会。

比如辣酱产业，据中商产业研究院发布的《2020—2025 年中国辣椒酱产业市场前景及投资机会研究报告》显示，排名第一的老干妈占据 20.5% 的份额，排名第二、第三名的李锦记和辣妹子的市场份额分别占比 9.7% 和 9.2%。这个产业进入门槛很低，但规模化特别难，最大的阻碍就是老干妈。首先，老干妈固化了价格带，该品牌占据了 8 ~ 15 元的价格带。产品线的体系规划首先是按照产业价格带划分产品系列的。其次，老干妈几乎垄断了商超场景。该品牌的高铺货率常年占据各省市场第一的位置，但每个省的第二品牌却都是不同的，呈现出"有第一，无第二"的寡头式格局。

要应对这两个特点，产业新进入者的切入口就很明显了。第一个切入口是延伸价格带，要么比老干妈更便宜，要么更贵。可惜的是，辣酱作为调味品，价格敏感度较高，比老干妈低的定价难以盈利，比它高的定价又难获市场。第二个切入口则是换场景。人们在逛商超时买辣酱会想到老干妈,其他场景呢?

2.分析目标场景

在传统市场与营销过程中,大家谈的最多的其实是渠道。比如老干妈所在的商超,就是完成交易的渠道。渠道只是场景的一种表现形式。在商超中,老干妈等一众品牌也会去思考如何在这个场景下提升用户消费体验。陈列好看一点?抢占放在货架中层位置?产品外表做得漂亮一点?甚至不少品牌还会直接在商超烹饪、试吃。在"逛"的场景下,推动用户沉浸体验、接触产品,从而实现销售。

我们如何选一个适合自己的场景呢?以下 4 点是考虑的重点。

(1)目标场景下竞品少。

(2)目标场景增长空间大。

(3)目标场景进入门槛小。

(4)目标场景能带来增量用户而非争夺巨头原有用户。

案例分享

2015 年,一款 A 品牌辣酱横空出世,直接错开了老干妈等一众传统品牌的原有服务场景,干起了外卖。当时,美团、饿了么的补贴大战上演,为外卖增添一项附加值的门槛很低。此外,外卖产业消费的大多是愿意尝试新产品且对价格敏感度低的年轻人。更重要的是,外卖渠道里,还没有任何一家辣酱品牌进入。当然,外卖用餐过程中配上辣酱以增添口味的真实需求,是这个场景能够做大的核心。很快,A 品牌辣酱就与外卖 70 多个连锁品牌、30000 多个商家达成合作并向全国扩张。到 2018 年,A 品牌辣酱的外卖终端网络已突破 10 万家,A 品牌辣酱也成为"网红第一辣酱"。

3.服务场景的新产品设计

在真正进入目标场景时,品牌需要做的,是打造一款适合这个场景的产品。比如老干妈一般是 500g 装产品,包装材质是玻璃瓶,这显然不适合外卖场景。A品牌辣酱将产品规格做到可以单次吃完的15g，并避开容易打碎的玻璃包装，而是用了洋快餐的番茄酱包装方式。此外，A品牌辣酱还把小包装产品的价格定在3~5元，这主要是迎合外卖场景下用户凑满减、凑起送费的场景。当然，针对外卖场景下的年轻群体，A品牌辣酱在包装设计上也更潮酷、更时尚一些。这些都是在为场景服务，为场景消费下的用户体验服务。

4. 营销打透场景

打造场景品牌，就是要让用户在特定场景下，第一个联想到该产品。为了打透外卖场景，A品牌辣酱先是影响外卖重点人群，比如学生、白领。其通过与其他品牌联合，以及游戏植入等，开始在这群人中"刷脸熟"。其后，又与其他知名快餐品牌合作，在外卖场景下形成独特的品牌印象。

从根本上来讲，A品牌辣酱进入外卖时，这个领域没有其他辣酱。当它跟着一袋袋外卖到达用户手上时，就已经做好了打透场景的第一步。

5. 场景溢出

品牌溢出是指当产品在某一个群体中形成品牌效应之后，他们身边的人也会跟着去了解该产品品牌。嘉御基金创始合伙人卫哲就曾谈道："拿下25岁女性的产品金牌，打透25岁女性，你的品牌自然会溢出到其他人群。"具体而言，17、18岁的女孩子会"仰视"姐姐们怎么消费，希望自己成熟一点；30、40岁女性希望自己永葆青春，会"俯视"25岁女性。

场景溢出与此类似。当你在某一个场景中形成品牌效应之后，你的用户也会把你带到其他场景。比如鉴于外卖而把包装做小之后，年轻人发现A品牌辣酱不止于外卖，还可以出现在出差旅行、居家一人食等场景，就出现了场景溢出效应。为了适配这些场景，A品牌辣酱只需在产品上做些应对场景需求的小改变。比如，A品牌辣酱首创30g酸奶杯设计，这种小罐装的设计更简洁时尚，更贴近年轻人一人食的消费场景。

当下，新一代年轻人的消费日常浸泡在兴趣电商、场景营销之下。那么，当用户有需求的时候，品牌如何让他们想起自己？最好是预先在产生需求的场景下，成为这个场景的第一品牌。

比如夏天去海边打沙滩排球，大汗淋漓想喝点饮料时，你会想到什么？

还会在矿泉水、果汁、苏打水、气泡水、可乐这些品类中抉择吗？可能大多数人的回答直接就是可口可乐。因为在往年的广告中，可口可乐曾多次展现这样的场景，并给一代人留下了深刻印象。

第13章
产品系列设计

产品系列化设计为消费者提供了更广泛的选择空间，满足了不同消费者对于产品功能、形态、色彩、规格等方面的多样化需求。通过多变的功能和灵活的设计，产品系列化不仅丰富了产品内涵，更提升了产品的附加价值。这使得产品系列化设计成为了满足消费者需求的重要手段。

产品系列化设计不仅可以使产品线保持生命力，还能扩大品牌影响力，消除客户对新产品的不信任感，为新产品争取更广阔的市场。同时，现代工业的生产方式要求产品的许多零部件必须符合标准化、系列化、通用化的要求，这也使得产品的系列化在某种程度上成为了必然。

产品系列化设计要求设计师不能仅为造型而造型，要在设计的开始就考虑到产品系列化的发展，如特征元素包括风格、形态、结构、操作方法、色彩和材料的选定及其在系列设计中的应用，才能形成统一系列化、具有统一形象感的产品。

在进行产品系列化设计前期，首先需要通过市场调研来确定用户需求和产品定位，然后结合产品开发战略和企业文化来确定系列化产品的设计风格。整套产品的设计需要以整体风格为参考依据。虽然众多系列化产品在功能结构和形态造型上各有差异，但通过保持风格的一致性，可以确保产品之间的整体性和统一性，更容易形成产品系列。

产品系列化设计中，各产品的功能之间存在关联、独立、组合和互换等关系。这些不同的功能关系导致了各产品的功能结构存在差异。相似功能的产品通常采用相同的结构方式，从而实现功能结构的统一化，达到产品系列化设计的创新效果。对于具有相似功能的产品，应该采用统一的结构方式，使其功能结构得到强化，从而凸显出系列化特征。在许多系列化产品中，支撑、固定结构和携带一致性结构等通常被用来体现功能结构的统一化设计，进而形成产品基因，增强产品生命力。

产品系列化设计是一个不断发展的过程，需要正确制定完善、合理的设计规范以确保变化中的统一。同时，设计工程师还应积极探索新的设计元素和新的产品需求，在固化产品基因基础上推陈出新，使系列化产品在不断变化中不失其基因、特点和优势。产品系列化设计是未来企业发展道路中的关键性步骤，设计师们想要做出好的系列化产品，需要在品牌文化、用户需求、产品功能、产品基因等基础上确立风格、选择元素、设计形态造型、统一操作方式、强调功能结构，并进行色彩、材料、工艺、纹理、形态设计，这些方法都能提高产品系列化设计的创新度。

13.1　产品系列类型

产品系列化是指按照不同的功能、不同的产业特点规划设计产品线的结构体系。按照产品系列的类型分类可分为产品等级系列、成套系列、组合系列、家族系列和单元系列。

13.1.1　产品等级系列

产品等级系列是指根据性能、价格和功能的不同分为不同的档次，以满足不同用户的需求。一般分为入门级、中端、高端、旗舰级 4 个等级。

1. 入门级

入门级产品通常以满足预算有限或对性能要求不高的用户的需要，往往只具有一些基本的功能和品质，价格最低。例如华为手机的入门级具有打电话、拍照、微信等功能，同时具有较长的电池续航时间，价格通常在 1000～2000 元。

2. 中端

中端产品在价格、性能和品质方面介于入门级和高端产品之间，具有一定的品质保障，性能可满足一般用户的需求，价格适中，市场覆盖面较广。例如华为的中端手机通常采用中高端的处理器，如麒麟 810、骁龙 6 系等，以提供更好的性能和用户体验。这些手机的性能和设计通常比入门级手机更出色，具有更好的拍照效果、更快的运行速度和更长的电池续航时间，价格通常在 2000～3000 元。

3. 高端

高端产品通常具有较高的品质和性能，价格较高，针对高端市场定位，通常采用高科技技术，具有创新性和差异性特点。例如华为的高端手机通常采用高端的处理器，如麒麟980、骁龙8系等，以提供极致的性能和用户体验。这类手机在设计、性能和功能方面都达到了顶级水平，具有出色的拍照效果、快速的运行速度和长续航时间，还有高分辨率的屏幕、大容量的存储空间等豪华配置，价格通常在 3000～5000 元。

4. 旗舰级

旗舰级产品追求独特的设计和高级的手工制作。这类产品往往属于战略型形象产品，注重品牌、文化和身份象征。例如华为的旗舰级折叠屏手机采用最新的处理器和技术，以提供最佳的性能和用户体验。这类手机不仅在设计、性能和功能方面达到了顶级水平，还配备了顶级的硬件，如最新的处理器、高分辨率的屏幕、大容量的存储空间等，价格通常在 10000 元以上。

总之，产品系列通过不同的档次划分，满足了不同用户的需求。无论是入门级用户还是高端用户，都可以在产品档次系列中找到适合自己的产品。

13.1.2 成套系列

成套系列即以相同功能、不同型号、不同规格的产品构成系列。一般由多种独立功能产品组成一个产品系列。例如由刀、叉、勺组成一套西餐餐具。

13.1.3 组合系列

以多个具有独立功能的、不同的产品，组成一个产品系列，即组合系列。这类系列的特点就是具有可互换性。这类产品往往使可互换的部分成为模块，与产品母体相结合，派生出若干系列。例如家具系列，可根据客户的房屋面积大小、风格组合成多个系列。

13.1.4　家族系列

家族系列也具有组合系列的特点，即由独立功能的产品构成系列。但家族系列中的产品不一定要求可互换，而且系列中的产品虽然往往是同样的功能，但形态、规格、色彩、材质不同，这与成套系列产品又相类似，产品之间不一定存在功能上的相关性。这类产品更易产生品牌效应。例如宝马汽车的轿车系列、SUV 系列就是家族系列，统一使用"双肾"前脸设计，具有很强的产品识别度，也是品牌的产品基因。

企业推向市场的各种产品在创新的基础上保持其系统的延续性，从而在市场与消费者心目中建立起特色鲜明、风格统一的形象。

13.1.5　单元系列

以不同功能的产品或部件为单元，各单元承担不同的角色，为共同满足整体目标而构成的产品系列是单元系列。该系列产品的功能之间不可互换，但有依存关系。这种系列也可以形成家族感，但与统一感相比，功能上的配套性更为重要。例如，电话座机的子母机之间具有某种相关性或依存关系，构成完整的产品系列。

13.2　产品系列化设计方法

产品是一个系统，其构成要素往往包括功能、用途、原理、现状、规格、材料、色彩、成分等，其设计方法可分为组合设计、变换设计。

13.2.1　组合设计

产品系列化的组合设计就是将某些要素在纵、横方向上进行组合或将某个要素进行扩展，构成更大的产品系统。

1. 功能组合

在单件产品设计中，常会将多种功能组合到一个产品中，即所谓多功能产品。在系列产品设计中，是将若干不同功能的产品组成一个系列，使得在购买或使用时具有可选择性。例如，由炒菜、煲汤和烧烤组成的厨卫系列三件套。

功能组合有以下 4 个要点：

（1）形式统一——放置方法、包装方法等统一；

（2）形态统一——造型、风格统一；

（3）色彩统一——视觉统一；

（4）某个部件统一——部件的互换性。

2. 要素组合

系列产品的实质就是产品要素在某个目标下的系列组合。所谓产品要素，不外乎功能、用途、结构、原理、现状、规格、材料等，如果将其中的某个要素进行扩展，就可形成系列产品。例如，形状一致、花纹不同的钟表系列。

3. 情趣组合

这类组合方式往往是借用人们的希望、爱好、祝愿、友谊、幽默、时尚追求等生活情趣的内容，通过形象化的造型，组合到系列产品中去。

13.2.2 变换设计

改变产品要素设计的产品，即变换设计的产品被称为变型产品。变换设计是产品系列设计中的常见方法，其目的在于增强产品功能、提高产品性能、降低成本等。这种方法具有以下特点：

（1）适应性强；

（2）反应快速；

（3）低成本。

变换设计应具备以下条件：

（1）通用性，指产品部件或单元甚至模块应达到可置换性要求；

（2）标准化，一是指产品系列中为达到互换目的而建立的标准，二是行业或者国家制定的标准；

（3）系列化，指产品系列化目标与变换设计是相辅相成的。

变换设计是在基础产品的基础上进行要素变换，大致可分为纵向变换设计、横向变换设计、相似变换设计、模块化设计 4 类。

1. 纵向变换设计

纵向变换设计是指一组功能相同、属性相同、结构相同或相近，而尺寸规格及性能参数不同的产品系列设计。例如吸尘器的产品系列化设计。

2. 横向变换设计

横向变换设计是在产品的基本形态上进行功能扩展，派生出多种相同类型产品所构成的产品系列。例如普通自行车派生出变速车、山地车、学生车等。其具有以下特点：

（1）充分考虑通用部件；

（2）考虑可互换部件的位置，留出使用余地；

（3）考虑结合部位的合理性。

3. 相似变换设计

相似变换设计实际上是纵向变换设计的另一种方式，在功能属性、结构等相同的条件下，将其形态尺寸、性能参数按一定的比例关系进行变换设计，构成相似系列产品。

4. 模块化设计

将产品的某些要素组合在一起，构成一个具有特定功能的子系统，将这个子系统作为通用性的模块与其他产品要素进行多种组合，构成新的系统，产生多种不同功能或相同功能不同性能的系列产品，这就是产品的模块化设计。

系列产品中的模块是一种通用部件，也可看作是具有一定功能的零件、组件或部件。模块应具有特定的接口或结合表面及结合要素，以保证模块组合的互换。模块化设计具有以下特点：

（1）具有特定的功能；

（2）具有连接的要素；

（3）尺寸模数化。

例如模块笛子就是一个模块化的玩具，是专门为学龄前的儿童设计的。通过按住编程音乐的按钮使其发出音乐，孩子们能够独立完成一些简单的曲子。其最大特点是既可以单个使用，也可以进行不同的组装玩法。

第14章
产品代系规划

产品竞争越来越激烈，有人说一流企业建立标准，二流企业做品牌，三流企业做产品，但企业怎么才能建立产品行业标准或产品下一代的标准从而引领市场呢？特别是那些头部企业，更应该研究行业发展趋势和客户需求，建立行业下一代产品标准，从而走在市场的前列。

14.1 产品代系标准引领企业发展

产品代系标准不断引领企业持续发展壮大的实例很多，典型代表有老板电器的代系迭代发展。

一个企业应该如何选择产品的发展方向，从而引领企业发展呢？或在哪个方向进行创新实现代系升级呢？下面以老板电器为例进行介绍。

案例分享

老板电器聚焦"大吸力"标准，引领产品不断提升发展，主要体现在以下方面。

1. 老板电器将产品定位为大吸力油烟机

老板电器经过调研发现，大部分消费者对老板电器产品的高质量有着深刻的印象，但是具体让消费者说出对老板电器的产品价值认知，答案却各有不同，没有形成很好的聚焦。

我们都知道，企业应该建立一个明确、清晰的产品定位，以此为核心实现对消费者心智的占位。因此，老板电器必须充分了解竟要在消费者心智中占据什么位置，即明确产品定位。这不仅是消费者关注的，更是企业长期努力发展的方向，同时要参照竞品，找到自己的比较优势。

最终，老板电器通过大量的调研分析得出结论：对于油烟机，消费者关注的就是吸力效果。油烟机最基本的产品特点是，吸力越大代表着其品质越好。油烟机除了外观与智能化的创新，大风量一直是产品技术升级的一个主要突破方向。

实际上，油烟机行业中其他品牌也经常将大风量作为某些新产品的卖点进行宣传，但是都不成体系也没有持续。风量是一个技术概念，于是老板电器第一次将技术概念与消费者利益进行结合，创新提出了大吸力油烟机的高端产品品类。大吸力是消费者关注的，老板电器在吸力技术上是领先的，大吸力在消费者心智中的位置是同行没有抢占的，所以最终老板电器将产品定位设置为大吸力油烟机，相比方太的静吸、美的的蒸汽吸等更加简单，但直击消费者内心的核心诉求，以最快的速度赢得了消费者的喜欢。

2. 围绕大吸力定位，不断优化产品代系标准

老板电器在明确了大吸力的产品定位之后，从技术研发到产品规划全部聚焦到大吸力这一技术指标上，并持续地创新、改进与升级，确立了大吸力高端烟机品类。从双劲芯 1.0 系统不断更新迭代升级到 5.0 系统，以技术推动产品、产业的新发展，也为消费者带来了更健康的厨房生活环境。

3. 领行业之先，制定大吸力技术标准

老板电器认为，随着消费升级，消费者对油烟机的要求越来越高，油烟机的清洁能力、外观、噪声都是消费者关注的主要因素，尤其吸力，是消费者选购油烟机最关心的指标。

老板电器引领大吸力油烟机从第三代到第四代发展，以往业界说的大吸力没有判断标准，现在从风量到风压，以及拢吸技术、拢吸腔设计等逐渐形成标准。老板电器一直主导大吸力市场，促使整个油烟机结构的更新换代。

何为大吸力？经过五年多的酝酿和积累，老板电器在 2013 年以自己的产品为标杆，向行业发布了大吸力的四大标准——拢吸、强滤、速排、节能。

老板电器这个标准的推出，破除了"大风量＝大吸力"的误区，将以大吸力为核心的整个油烟机性能体系提升到新的高度。同时，也抬高了大吸力油烟机的技术门槛。

4. 双劲芯技术快速迭代，技术驱动产品创新

大吸力之所以能成为油烟机行业发展的主流趋势，是因为大吸力真正触及了消费者对于油烟机的根本诉求——吸尽厨房油烟。而老板电器大吸力产品的领先，得益于双劲芯技术的不断升级，技术创新驱动了产品的创新。

5. 大吸力演示物料设计

为增强消费者对老板电器大吸力油烟机吸烟效果的直观感受，老板电器在所有专卖店统一部署了两个演示物料。

一是大吸力演示：将一块 23.6kg 的木板放在开启的油烟机下，木板会被牢牢吸住，消费者都会惊讶其强大的吸力。

二是 360° 大吸力龙卷风演示：将一个盛着小球的塑料桶放在开启的油烟机下，小球会随着烟机的风做螺旋式运动，非常直观地呈现了大吸力。

上述两种演示物料的导入，优化了用户的真实体验，老板电器将之称为"视觉锤"，使大吸力、龙卷风不只是一个概念、一个噱头，而是可以看得见、摸得着的，给消费者带来了极好的体验和极大的心理震撼。

14.2　代系产品标准框架及构建模型

14.2.1　产品代系规划原则

现在一些优秀的企业为了提升企业的竞争力，正在追求生产销售一代产品，着手研发下一代产品。可下一代产品应该是什么样的呢？也就是说下一代产品的标准如何设置呢？只有明确了下一代产品的标准才能为下一代产品

的研发指明方向，并指导下一代产品的宣传与营销。

建立下一代产品或新代系的产品标准应该满足下列条件。

（1）采用创新技术或新理念，突破现有产品的核心功能极限，即突破原产品的功能瓶颈，大幅提升产品功能。

（2）适应行业发展趋势或客户新需求，增加产品新功能，极大提升产品的市场竞争能力。

（3）技术或工艺创新形成的新的核心功能或可以细分出一个品类。

（4）把握技术发展方向，定好项目主攻目标，紧跟本行业技术发展和市场需求的趋势。

（5）在制定目标时要"跳起来摘果子"，即采取适度的高标准。

根据客户需求分析出客户价值或产品功能，找出行业产品品类的产品代系标准框架和关键功能指标，再设计产品代系标准，然后才是产品功能定位选择，根据技术攻关的结果，规划产品路标，将下一代产品标准指标具体化。

14.2.2　代系产品标准框架

从体系框架的角度分析，下一代产品的标准体系应该包括两部分，一是体系结构，二是性能指标。

1. 体系结构

体系结构就是下一代产品标准的框架结构，建立的依据是行业发展的关键因素、客户需求或客户关心的关键因素。根据行业或产品先确定下一代产品主要涉及哪些维度或方面，然后才是性能指标。

2. 性能指标

性能指标是当时的技术水平达不到，而需要进行技术创新或新技术出现才能达到的性能指数，即根据下一代技术创新能够达到的性能程度或下一代新技术应用能够达到的功能水平。

实现性能指标有一定的难度，也就是说性能指标需要一定的技术积累才能实现，从时间维度思考，性能指标参数能够大幅度提升客户体验，满足未来一定时间（不同产品或行业不同，一般为 3 ~ 5 年）的需求。

14.2.3　产品代系标准体系构建

下一代产品的标准为产品设计和开发指明方向，使产品的设计开发工作有序化。一方面能够使设计开发的质量得到控制，保证了设计开发的产品符合市场的实际需要；另一方面可以大大减少产品设计开发的失误，从而加快产品设计开发的速度。

如何构建产品代系标准呢？

（1）首先应该分析本行业发展的关键因素，设计本类产品代系的标准体系框架。例如飞机第五代机的4S标准就是根据未来战争的作战环境和雷达技术的进步，增加了机动性、隐身性、战场感知能力等指标。

（2）根据产品所处的品类特点，找出本品类的关键痛点元素，对应产品代系体系的衡量指标，然后对应关键功能指标要素。例如从北京到上海的旅行，最大的痛点是旅途时间长，第一个关键的指标就是花费的时间，第二个指标是舒适度。

（3）找出本代系的产品功能的极限，通过技术创新或解决方案创新打破当前所能达到的新功能极限，现在看未来一段时间（本行业技术常规的换代时间段）最可能采用的新技术或模式创新能够达到新的功能极限，即为下一代系的功能指标。例如从上海到北京旅行，最原始的方式是步行，从北京到上海步行的时间是20天左右；第二代交通工具是马匹，骑马所用极限时间是3天；第三代交通工具是汽车，乘坐汽车所用极限时间是20小时；第四代交通工具是高铁，乘坐高铁所用极限时间是6小时；第五代交通工具是飞机，乘坐飞机所用极限时间是2.5小时。

14.2.4　产品代系的性能指标构建

以大数据下一代产品标准为例，可以从本产品关键指标、当前产品现状、未来使用场景、最大痛点与解决方案、下一代产品功能指标5个维度设计产品代系的指标，如表14-1所示。

表 14-1　产品代系指标构建

本产品 关键指标	当前产品现状	未来使用场景	最大痛点与 解决方案	下一代 产品 功能指标
规模	计算机节点数量在"千台级",数据存储量在"PB量级"(1PB = 1024TB)	数据计算量越来越大	计算机节点数量达到"百万台级",数据存储和计算规模达到"EB量级"(1EB=1024PB)	规模达到"EB量级"
跨地域	集中地域部署	跨地域和多集群协同工作,分散到多个地域	怕一个地域出现问题,数据丢失造成损失	当出现事故,如何保护数据不丢失
简单1: 高集成	各个厂家完成不同功能模块	大数据是一个整体,用户普遍需要的是完整功能的大数据产品,而不是其中几个功能模块	如何组织和搭配这些模块,做好各模块之间的衔接和兼容	高度集成
简单2: 易维护	管理少则几百台多则数千台的计算机,如发生故障,要排查和排除,工作量太大	下一代大数据系统超大规模化,如果管理模式不发生改变,集群管理员将会不堪重负	提高大数据系统的自适应能力,以及部分实现系统的自维护管理	易维护
数据安全	数据安全对当今社会的影响非常大	安全在下一代大数据系统中的重要性可能要远超上述几个指标	安全可以制定,允许用户自己设计安全方案,定义安全规则,加入到大数据系统中	高安全

1. 超大规模

现在市面上的大数据产品,基本都属于 Hadoop(分布式系统基础架构)系列。它能够提供的数据处理能力、计算机节点数量在"千台级",数据存储量在"PB 量级",再往上 Hadoop 将很难支撑,即使勉强维持,稳定性和可靠性也难以保证。

当下的数据应用需求越来越多，需要完成的数据计算量也越来越大，而且随着未来各种大规模计算业务的进一步增长，现有头部企业产品的处理能力也将无法保障这种增长需要。所以，当前的数据处理规模还要进一步扩大。下一代大数据的标准起码应该能够支撑未来二十年的数据处理需要。

在这样的一个目标下，大数据系统的功能指标应该是：计算机节点数量达到"百万台级"，数据存储和计算规模达到"EB量级"。这样才有可能适应未来数据处理业务的需要。

2. 跨地域

当出现事故，如何保护数据不丢失，也就是保证数据安全问题。

若能够分散到多个地域部署，然后用网络连接，形成一个多地域的并行集群和数据冗余，就不怕一个地域出现数据丢失而造成损失。

3. 简单

概括来说，就是做到尽可能简化一切操作，实现"傻瓜式"处理。

这个标准的提出，缘于前面提到的下一代大数据系统超大规模化，在这种环境中，每减少一个环节处理，都可能获得数倍的效率提升。

（1）高度集成。现在市面上流行的几个大数据软件，严格来说，都不是完整的产品，而是功能模块，它们只是实现了大数据体系中的一两个功能而已。当用户需要一个完整的大数据服务的时候，必须了解这些软件各自的功能属性才能够操作，把它们集合到一起才能组织和部署起大数据集群。这对所有用户来说都是一个巨大的考验，提高了软件使用门槛。另外，这些软件来自不同的开发团队，每个团队设计开发软件的时候，着眼点必然是自己的产品需求，而大数据是一个整体，用户普遍需要的是完整功能的大数据产品，而不是其中几个功能模块。所以在部署和运营集群的时候，就会产生这样的矛盾：如何组织和搭配这些模块，做好各模块之间的衔接和兼容？实际上，很多时候，这个问题都推给了用户，成为用户使用大数据成本的一部分。

因此，下一代的大数据产品，应该是全体系、全功能的设计，实现深度嵌合和一站式服务。当一个用户需要部署一个大数据集群的时候，只需懂得安装软件和配置即可，而不必去深入了解软件的各种特性，乃至被迫参与到软件开发中来。相比于多个团队开发的功能模块，全体系的设计开发还有一个好处：可以有效减少模块拼接和组装造成的冗余，有利于保证稳定性和处理效率。对用户来说，一个软件实现了原来很多个模块组合才能实现的全部功能。

（2）易操作。易操作是针对普通的最终用户来定义的。其实可以想象，一个普通的数据用户，他能够处理的工作，也就是点击鼠标，或者敲击键盘输入字符，然后按下回车键而已。展示给普通的数据使用者的内容，应该是表格、图形、音频、视频这些可听、可视的直观内容。所以，基于这样的考量，所有与用户接口相关的大数据处理工作，都应该围绕这两项要求展开，并且作为基本核心要求。

（3）易维护。易维护是对集群管理员而言的。对于大数据中心的管理员，要管理少则几百台，多则数千台计算机。每台计算机不知道什么时候发生故障，发生故障后要排查和排除，工作量着实太大。而且随着下一代大数据系统的超大规模化，如果管理模式不发生改变，集群管理员将会不堪重负。所以，下一代大数据系统的一个重要要求，就是减轻管理员的工作负担，提高大数据系统的自适应能力，以及部分实现系统的自维护管理。即使运行系统发生故障，也能够做到迅速定位和显式地提供故障源头，而不是让集群管理员去查找故障。另外，这种自动化的管理，也有助于提高集群的稳定运行。普通的日常管理工作，也应该是通过终端输入类似 SQL（Structured Query Language，结构化查询语言）这样的命令就可以完成。

（4）易编程。易编程是对程序员而言的。程序员要在终端用户、数据业务、计算机集群之间，用编程搭建起一座桥梁，实现整个大数据链条的最终运转。目前的分布式编程，的确比早期简化了很多，但是放到普通的程序员面前，仍然过于复杂。其中诸如接口化、可移植、操作规范等问题，都没有实现标准化。在这些条件没有完备之前，程序员的编程负担将难以减轻。而大数据行业的快速发展要求程序员具备快速编程能力，但是目前这种矛盾的现状，显然不能满足要求，这同时也是造成大数据行业人才奇缺的一个因素。把这些情况叠加在一起，目前一个可行的解决办法应该是采用中间件方案，把大数据编程组件化，实现快速设计、快速编程、快速投入部署的目的。

4. 数据安全

数据安全对当今社会的影响非常大。无论是国家、企业还是个人都不能忽视网络和大数据的安全问题。所以，从这个角度来说，安全在下一代大数据系统中的重要性可能要远超上述几个指标。

一代大数据系统中，安全应该是全方位的，能够深入数据处理的每一个环节，而且在用户这个层面上，还应该允许用户自己设计安全方案，定义安全规则，加入大数据系统中。

案例分享

将早期刚解决能飞上天问题的简易飞机划为第一代，代表机型有德国的"Me-262"和英国的"流星"等。

将实现亚音速飞行的战机划为第二代，代表机型有美国的"F-86"、苏联的"米格-15"、中国的"歼-5"、英国的"闪电"和法国的"超神秘"等。

将实现超音速飞行的战机划为第三代，代表机型有美国的"F-4"、苏联的"米格-21"、中国的"歼-7"和法国的"幻影Ⅲ"等。

将应用第三代航空发动机实现中低空机动灵活飞行的战机划为第四代，代表机型有美国的"F-15"、苏联的"苏-27"、中国的"歼-10"、法国的"幻影2000"等。

第五代战机，美国认为其应该拥有4S能力，即具有超机动性、超音速巡航、隐身和网络中心战这4种能力，代表机型有美国的"F-22"、苏联的"苏-35"、中国的"歼-20"等。

总结战机代数划分标准，前三代战机更新换代都是在围绕速度做文章，第四代战机讲求灵活性，而第五代战机则符合4S标准。

目前来看，第五代战机的4S标准，已经基本实现。随着第六代战机概念的出现，国际上提出了初步的4H标准，即超强隐身能力、超强机动性、超音速巡航速度、高端综合航电和战场感知能力。

第15章
防范经营风险：发展节奏正确

不能说一个公司的产品线很多或很少是合理的、科学的，也不能说一个产品线的系列多就是生命力强。一个公司的产品线竞争力是由其结构、产品组合的协同作战能力决定的。

我们经常听到有些公司在转型升级中，特别是在产品线或产品系列拓展方面屡屡失败，这是因为产品线和产品系列的延伸或拓展是有规律的，如果违背了这些规律就很可能给企业发展带来致命的伤害。

很多企业发展壮大了，经营风险也大了。为何经常会出现像恒大、海航这些快速发展壮大，又遇到巨大的经营风险导致失败的企业呢？这既由产品经营方向不正确，也由发展节奏不正确导致。

一个公司如果发展过慢可能会丧失发展机会，如果发展太快则可能导致资源分配不合理造成资金链断裂，甚至倒闭的结局。所以，公司在转型升级中不但要保证发展方向正确，还要保证发展节奏正确。

发展方向正确是指遵循符合产业发展规律、分化规律、产业成长路径和自身资源优势规划设计企业产品线、产品系列和产品规格的产品发展矩阵体系。

发展节奏正确是指公司各个产品线、产品系列和产品规格的资源投入要符合各个产品单元的生命力现状和"721"原则。

如何保证产品线和产品系列发展节奏正确呢？

科学、正确评估产品线或核心产品的生命力，并按照"721"原则明确各类产品的定位和发展拓展节奏，合理分配资源，才能保证稳健、高质量的发展。

15.1 "721"原则

在公司发展的过程中，公司的资源总是相对稀缺的。公司要对有限的、相对稀缺的资源进行科学合理的配置，即集中资源投入到最有发展潜力的产品上，生产出最有生命力的产品，获取最佳的效益。资源配置合理与否，对一个企业发展成败有着极其重要的影响。下面介绍"721"原则的含义及其应用规则，帮助企业进行科学、合理的资源配置，实现公司高质量发展。

15.1.1 何为"721"原则

"721"原则参考的是杰克·韦尔奇提出的活力曲线，如图 15–1 所示，即将员工的业绩由高到低分成 A、B、C 三类，分别占员工总数的 20%、70% 和 10%，对公司这三类员工采取不同的管理方式。

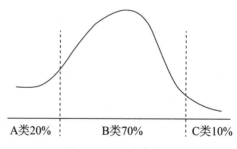

A类20%   B类70%   C类10%

图 15–1　活力曲线图

实际上，"721"原则就像二八原则一样，是根据事物在技术或经济方面的主要特征，进行分类排序，分清重点和一般，从而有区别地确定管理方式的一种分析方法。所以，我们可以将这种分类方式稍加调整应用到公司有限资源的配置和发展策略上，即当公司发展到一定阶段，面对公司的核心业务、辅助业务和新拓展业务，以及公司的各销售区域、众多产品线、产品系列和产品规格，科学、合理分配公司的有限资源，实现公司高质量发展。

我们可以将公司的业务或产品分为以下 3 类。

1. 聚焦类产品

这是公司当前最重要的产品线、产品系列和产品规格。这些产品是公司现金流、利润、市场份额以及品牌的主要承担者。就像一个家庭中 30 岁左右的成员，能够承担家庭责任，为家庭提供生活所需的现金。

2. 重点突破类产品

指的是市场潜力大、销售额可以迅速增长，能通过重点投入、重点推广，在未来 1～2 年内有望成为"明星类"的产品线、产品系列或产品规格。就像一个家庭中 17～18 岁的孩子，虽然现在的花费很大，但很快能够参加工作，承担家庭责任，并为家庭提供生活所需的现金，所以需要加大投入满足其成长所需要的资源。

3. 尝试布局类产品

指的是竞争不激烈，至少在一年内不会产生利润，但未来发展潜力巨大，对公司以后有重要影响的，公司为长远发展而进行尝试性布局的产品。对这类产品，一般会在每年产品战略规划时重新评估和审视定位。就像家庭中 6～7 岁的很有发展潜力的孩子。

面对公司的这 3 类产品线或产品系列，"721"原则建议的资源配置比例为 70% 的资源投入到聚焦类产品，20% 的资源投入到重点突破类产品，10% 的资源投入到尝试布局类产品。如图 15-2 所示。

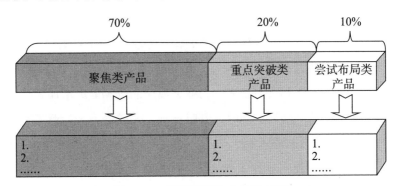

图 15-2　资源配置的"721"原则

需要注意以下两点。

（1）"721"原则中的"7"不是绝对数量的 70%，而是指大部分，一般不会少于 50%；

（2）这里的"资源"不单指金钱，而是公司的人力、物力、财力等产品发展需要的资源总称。

"721"原则强调的是分清业务或产品在某一时间段上对公司贡献的重要程度，对产品进行差异化资源分配。"捡了芝麻，丢了西瓜"说的是不会应用"721"原则的企业。在公司产品发展的战略上，要将主要精力和资源放在具有重要影响的产品上，通过合理分配公司资源到聚焦类产品，即总数中的少数部分，那么公司将会得到较好的结果，保证公司的持续健康发展。当然忽视重点突破类产品和尝试布局类产品也是危险的，它们是公司长远发展的"火苗"，可以使公司产品形成梯队发展，构建良好的产品体系发展结构。

15.1.2 "721"原则的作用

"721"原则帮助公司对资源进行科学、合理配置，在公司产品线发展、产品开发战略规划、产品营销管理、区域市场开拓、渠道业务开发等方面都具有重要作用，具体体现在以下5个方面。

（1）明确各业务或产品的重要级别，制定合适的战略角色和结构，即通过定性或定量方法，对所需业务或产品进行评估、分类，为不同类别的业务角色定位提供依据，方便业务角色制定和结构安排。

（2）有助于公司各项资源的合理配置，保证公司发展节奏正确，提升公司管理水平。对待不同重要级别的业务或产品，公司须采取差异化的管理策略，因地制宜和对症下药，使资源安排更有目标性、计划性和针对性。

（3）有助于采取匹配的营销策略，提高公司盈利能力。对待重要级别的业务或产品，重点聚焦和大力投入，为业务或产品盈利能力增加足够的动力，深入挖掘该业务的盈利能力；同时，着眼全部，兼顾潜力大的业务和新产品，为公司的未来发展打下坚固基础。

（4）有助于快速找到业务或产品规划的失误之处，及时纠正发展方向和资源投入策略。利用定性和定量方法，从不同评价角度和权重全面分析、计算业务重要性，分析结果更加精确和标准，可从分析结果出发评估是否与公司战略方向相一致。

（5）有助于新业务或新产品开发与定位，科学投入相关资源，有助于公司产品的梯队发展，优化公司的产品结构。可从重点突破类产品和尝试布局类产品着手，发现市场机会，提早进行市场调研、产品研发、生产和布局，优化产品发展的梯队结构，提高公司竞争力。

15.1.3　"721"原则的使用步骤

1. 收集数据

按分析对象和分析内容，收集有关数据。例如，分析公司的产品生命力，则应收集各产品销售量、销售额、利润增长率等数据。数据可以由各营销公司提供，也可以参考政府或权威杂志发布的数据。

2. 处理数据

对收集来的数据资料进行整理，可以利用业务竞争力排序或 SPAN 分析模型对产品线、产品系列或产品规格、销售区域和渠道进行分析定位。

3. 根据"721"原则确定分类

可以简单地根据业务或产品排序表中的结果，当分数＞M，给予"聚焦"定位；当 N＜分数＜M，给予"重点突破"定位；当分数＜N，给予"尝试布局"定位。

一个稳定发展的大公司和一个成熟的产业可能会为核心产品分配 70% 的资源，相邻产品分配 20% 的资源，为转型或新产品分配 10% 的资源，这是一种风险相对较低的方法，是保证公司按照正确的发展节奏发展的工具。

一家科技成长型公司则可能会将不到一半的开发投资分配到核心或现有产品上，因为公司没有庞大的既定目标市场，并且愿意在创造新产品时承担更大的风险。例如，一家成长型公司可能会把 40% 的资金投资于现有核心聚焦类产品，40% 投资于重点突破类产品，20% 投资于新产品开发。

无论哪种情况，你都需要确保产品开发投资与开发过程保持一致，公司在产品开发方面的投资应符合你的风险状况和产品开发流程。根据公司类型、成熟度和风险偏好制定理想的资源投入组合策略。

一个产品线的规模应该控制在多少比较适合呢？不同产业产品线的最佳规模也不同：当一个产品线的核心产品或主打产品达到市场份额的 50%～70% 及以上时，才适合扩展另外的产品线，或主推其他产品线。也就是主要产品线的规模占 70%，重点突破类产品的产品线占 20%，尝试布局类产品的产品线占 10% 的时候比较好，即尽量符合"721"原则。

总之，无论在公司层面，还是在产品线和产品系列层面的投资或投入资源，都应该符合"721"原则。这是比较合理的投入策略，也是企业发展节奏正确的原则。

15.2　产品组合管理策略

新产品开发战略是指在产品概念设计阶段就考虑降低风险，改善产品与市场之间的契合度，改造产品线，以及通过强调具有新颖性的新产品来增加销售量。

产品组合管理旨在最大限度地提高公司在新产品开发方面的投资回报。它使公司的产品系列与公司的战略保持一致，并反映公司愿意承担的风险，需要我们选择一个与公司的成熟度和市场地位相一致的管理框架。产品组合管理通常关注的是应该投入多少资源进入风险更大的新产品机会，这些投资会跟每个产品或项目承担的风险程度组合在一起。

用于定义和设置产品组合的一些常见维度如下：

（1）投资市场 / 技术风险；

（2）市场增长 / 市场份额；

（3）收入或利润战略一致性；

（4）竞争地位 / 市场成熟度；

（5）行业吸引力 / 竞争优势。

例如，一家公司可能会采用基于风险的方法来组织其产品项目，则产品可分为 3 种类型，如图 15-3 所示。

1. 核心产品

核心产品引入对现有产品的修改以创建新产品或新产品线，通常这种核心产品具有最高的市场份额，并且能带来最大的收益。核心产品的销售主要针对现有客户，并利用现有产品技术，通常在产品组合中拥有最高的资源分配。

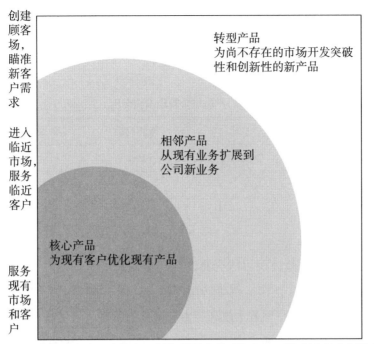

图 15-3　产品组合地图

2. 相邻产品

相邻产品在概念和功能上与核心产品相同，但它服务于公司的新市场，或者包括对产品的重大修改，主要用于扩大公司已经进入的市场，通常是现有产品线的变体或衍生产品。

3. 转型产品

转型产品同时在产品和市场上进行创新，因此风险最高，但潜在回报也最高。例如，一家消费类自行车公司可能会通过一系列渐进式创新（如添加电子变速）来继续提高其自行车在现有市场上的可用性。这是它们核心产品的创新，是增加市场份额的机会，也是它们产品组合的明显选择。但是，如果公司希望扩大规模，可能会尝试将现有自行车推向专业自行车市场，或者制造电动自行车。第一个方法引入市场风险，第二个方法引入产品风险。消费类自行车公司的转型产品可能是为专业自行车送餐员设计的货运自行车，这个方法将涉及一个全新的设计，同时向新的受众营销，它同时引入了产品和市场风险。

公司的类型、成熟度和风险偏好不同，其量身定制的理想的投资组合自然也不同。如表 15-1 所示。

表 15-1　产品组合管理投资示例

公司类型	核心产品	相邻产品	转型产品
成熟公司	70%	20%	10%
成长型公司	40%	40%	20%
初创公司	0	0	100%

成熟市场中的成熟公司可能会将产品组合资源分配为 70% 用于核心产品，20% 用于相邻产品，10% 用于转型产品。这是一种风险相对较低的增加市场份额的方法，也是一种基于盈利能力与增长的策略。

成长型公司可能将 40% 投资于核心业务，40% 投资于相邻业务，20% 投资于转型计划。与成熟公司类似，成长型公司可能有一个"摇钱树"，可以产生利润来资助新兴类别。成长型公司用来评估其成功的指标与市场增长或年度经常性收入的逐年增长有关。

初创公司则可能会将其所有预算分配给转型产品，因为初创公司通常同时承担巨大的市场和技术风险。它可能只有一种产品，没有成熟的市场，愿意承担更大的风险。它可能会为核心产品分配 0，为相邻产品分配 0，为下一个重磅产品分配 100% 的资源。

15.3　产业转型跨度适中

产品线转型的跨度要谨慎，一开始不宜跨度太大，应该沿着产品相关性由强向弱的路径逐步扩展。有些公司产品线转型的原则为：

（1）与原产品有强相关性的产品线才会进入；

（2）新产品线的市场规模达到 200 亿元以上才考虑进入；

（3）新产品线的市场增长率低于 20% 不进入。

另外，产业的发展阶段、增长情况及成熟度对企业转型进入一个新产品线的影响也比较大。

我们分析一个产业时，一般是想进入这个产业看看有没有自己的发展机会，或者自己已经在这个产业里了想分析一下这个产业未来的发展前景如何。在产业基本逻辑里，我们已经分析了产业规模，从产业环境角度来讲，我们还要关心另外两点。

一是这个产业过去增长情况怎么样，未来增长趋势如何？

二是这个产业处于已经成熟的存量市场，还是蓬勃发展的增量市场，即产业的发展阶段是什么？这个产业里的企业都发展多少年了？是产业格局稳定，头部公司市场份额已经占到 20% 以上了，还是大家都进入不久，目前正是群雄逐鹿的年代？

案例分享

古井贡酒是白酒年份酒概念最大的受益者之一。当头部企业茅台推出 10 年、15 年的年份酒时，古井贡酒打出一个超级大单品——年份原浆酒。

显然这利用了价格锚定效应。本来这个概念是只有头部企业才能打造的，跟古井贡酒没有多少关系。

第一，茅台已经付完教育客户的成本，客户也很认可，古井贡酒节省了大量的市场营销费用。

第二，古井贡酒发现年份酒已经成为一个客户批量化、规模化的客户决策点，于是它就把自己打造成一个超级大单品，很快在市场中占有一席之地。

很多人定位跑偏的原因就在于，他们没看到定位的本质。定位的本质，就是节省客户认知成本，通过价格锚定把客户支付意愿拉上去，以及营销成本由别人代替支付。

附录
产品经理资质等级与认定团体标准

1. 范围

本文件规定了产品经理的资质等级划分与要求，资质认定的维度、要素、项目和内容。

本文件适用于在 T/CAPM 0001 所规定的各类企业从事市场研究、产品设计、产品运营、品牌管理、战略研究、企业经营管理工作的人员。

2. 规范性引用文件

《GB/T 26999—2021 职业经理人相关术语》文件对于本文件的应用是必不可少的。凡是注日期的引用文件，仅所注日期的版本适用于本文件。凡是不注日期的引用文件，其最新版本（包括所有的修改单）适用于本文件。

3. 术语与定义

3.1 职业经理人（Professional Managers）

受雇于企业，担任不同层级的领导和管理职务，承担相应的义务和责任，以从事经营管理活动为职业的人员。

3.2 产品经理（Product Manager）

把用户需求转化为具体的产品方案，并负责产品整个生命周期的人员，是连接公司和用户的桥梁，主要负责市场洞察、产品定位、产品设计与研发管理、产品价格管理、产品协同战略、营销管理、品牌管理等工作，保证产品成功的人员。

3.3 产品经理资质（Qualification of Product Manager）

是指产品经理应具备的专业知识、能力素质、从业业绩等要求和特征的总和。不同层级的产品经理应相应具备不同要求的资质条件。

3.4 资质等级（Qualification Rank）

是指对产品经理资质水平的界定。

3.5 资质认定（Qualification Assessment）

是指依据产品经理资质等级界定的标准，通过考试考核和业绩评审的方式对产品经理的资质进行综合评价。

4. 等级划分

4.1 资质等级划分

产品经理资质划分为 5 个等级，由低到高分别为助理产品经理、中级产品经理、高级产品经理、资深产品经理、首席产品经理。

4.2 认定方式

助理产品经理和中级产品经理采取理论知识考试和专业技能考核的方式进行认定；高级产品经理及以上采取理论知识考试、专业技能考核和业绩综合评审的方式进行认定。

理论知识考试采用笔试方式；专业技能考核采用案例分析、方案设计等方式；业绩综合评审采用业绩审核、综合分析报告等方式。所有考试科目均实行百分制，各科成绩均达到 60 分（含）以上为合格。

4.3 考评人员

业绩综合评审委员由相关行业领域专家组成，人数为 3 人（含）以上单数。

5. 认定的维度、要素、项目及内容

产品经理资质等级认定主要从申报条件、职业经历、职业业绩、职业素养、职业知识、职业能力及技能 6 个维度进行评审。

5.1 职业经历

（1）从事市场研究、产品设计、产品运营、品牌管理、战略研究、企业经营管理的工作经历。

（2）接受产品管理、企业经营管理等教育培训的经历。

5.2 职业业绩

从事市场研究、产品设计、产品运营、产品运营管理、价格战略、品牌战略、产品协同战略、产品开发战略规划、企业转型升级规划等相关工作业绩。

5.3 职业素养

职业素养维度细化为职业意识和职业操守 2 个评价要素，设置了政治意识等 11 个项目。

5.3.1 职业意识

5.3.1.1 政治意识

（1）具有正确的政治观念、立场和方向，坚持中国共产党的领导，热爱祖国；

（2）能够主动学习党和国家的路线、方针、政策。

5.3.1.2 发展意识

（1）具有创新、可持续、高质量发展的理念；

（2）能够积极参与产业升级、企业转型发展、产品创新。

5.3.1.3 合作意识

（1）具有与企业利益相关方开展合作的理念，积极创新合作模式；

（2）能够兼顾各股东的利益诉求，促进协同发展。

5.3.1.4 法治意识

（1）具有法治观念，熟悉行业制度规定；

（2）能够尊法、学法、守法、用法，不断提高自己的法律意识和法治思维。

5.3.1.5 用户意识

（1）具有"以用户为中心"的理念，能够洞察用户需求；

（2）能够将"用户至上"贯穿到企业经营管理中，并针对客户的个性化需求提供高质量的产品或服务。

5.3.1.6 市场意识

（1）能够关注市场变化，把握市场机会；

（2）具有分析利用产业发展规律的意识，主动开发市场和创造市场。

5.3.1.7 品牌意识

（1）具有培育产品知名度、美誉度和忠诚度的品牌创建理念；

（2）拥有品牌价值观、品牌资源观、品牌权益观、品牌竞争观、品牌发展观、品牌战略观和品牌建设观。

5.3.1.8 战略意识

（1）具有大局意识、全局意识和协同意识；

（2）具有系统性思维，能够从全局、长远和关键的角度进行观察、分析和决断。

5.3.2 职业操守

5.3.2.1 遵纪守法

（1）敬畏国家法律，能够依法经营，严守法律底线；

（2）遵守企业各项规章制度。

5.3.2.2 诚实守信

（1）求真务实，言行一致，踏实努力；

（2）讲求信誉，信守承诺，追求实效。

5.3.2.3 爱岗敬业

（1）热爱产品经营工作，遵守产品经理职业操守；

（2）忠实于产品经理的工作职责。

5.4 职业知识

职业知识维度细化为产品管理知识、相关法律法规等 3 个评价要素，确定了 8 项内容。

5.4.1 产品管理知识

（1）掌握产品定价及产品成本核算等相关财务知识；

（2）掌握消费者心理学；

（3）掌握产品管理的方法工具；

（4）掌握产业发展现状与发展趋势。

5.4.2 相关法律法规

（1）掌握《中华人民共和国民法典》等相关法律法规；

（2）掌握《中华人民共和国经济法》等相关法律法规。

5.4.3 产品经理的认定标准和流程

（1）熟悉产品经理资质等级标准以及产品经理的认定制度；

（2）熟悉产品经理考试考核和认定的基本流程。

5.5 职业能力及技能

职业能力及技能维度细化为通用能力和产品业务技能 2 个评价要素，设置了沟通协调能力等 13 个项目，确定了 35 项内容。

5.5.1 通用能力

5.5.1.1 沟通协调能力

（1）重视且乐于沟通，能以积极心态和不懈的努力解决冲突和矛盾；

（2）能用心倾听各方意见并换位思考，根据实际情况及时作出调整和回应，确保沟通顺畅。

5.5.1.2 洞察能力

（1）能够看透事物本质，洞察其内在逻辑、关联和未来演变趋势；

（2）具有对细节的敏锐度和感知力，能够预测和前瞻事物的发展。

5.5.1.3 战略决策能力

（1）能够从全局和战略角度进行决策；

（2）能够根据企业内外部环境变化，识别关键信息，进行科学决策。

5.5.1.4 变革创新能力

（1）能够及时识别、追踪环境变化，适应新要求，及时调整优化，推动企业转型升级；

（2）采用创新方法，制定产品规划，推动技术和产品创新。

5.5.1.5 组织领导能力

（1）能够整合内外部资源，调动各方积极性，促进目标达成；

（2）能够根据产品规划，进行任务分解、过程追踪、及时纠偏，完成各项任务。

5.5.1.6 可持续发展能力

（1）具备社会责任和环保意识，合理开发和利用资源，从产品长远发展角度出发，提高产品可持续发展能力；

（2）具有学习能力和终身学习的观念。

5.5.2 职业技能

5.5.2.1 需求洞察与产品定位

（1）市场分析；

（2）需求洞察；

（3）产品定位。

5.5.2.2 产品策划与开发

（1）产品策划；

（2）产品力提升策略；

（3）产品开发管理。

5.5.2.3 商业模式与产品销售预警

（1）商业模式创新设计；

（2）产品销售管理；

（3）产品销售预警及应对策略。

5.5.2.4 产品价格战略

（1）新产品定价；

（2）产品价格管理战略；

（3）产品价格竞争战略。

5.5.2.5 品牌战略规划

（1）品牌塑造；

（2）品牌传播；

（3）品牌体验与 IP 打造；

（4）品牌升级；

（5）品牌战略规划。

5.5.2.6 产品协同战略

（1）产品协同模式；

（2）产品组合规划；

（3）产品战略规划。

5.5.2.7 产业转型升级与产品开发战略规划

（1）产业转型升级；

（2）企业转型升级；

（3）产品开发战略。

6. 等级要求

不同等级产品经理认定维度、要素、项目应具备相应要求。

维度	项目	要素	助理	中级	高级	资深	首席
职业素养	职业意识	政治意识	熟悉	掌握	掌握	掌握	掌握
		发展意识	熟悉	掌握	掌握	掌握	掌握
		合作意识	熟悉	掌握	掌握	掌握	掌握
		法治意识	熟悉	掌握	掌握	掌握	掌握
		用户意识	熟悉	掌握	掌握	掌握	掌握
		市场意识	熟悉	掌握	掌握	掌握	掌握
		品牌意识	熟悉	掌握	掌握	掌握	掌握
		战略意识	熟悉	掌握	掌握	掌握	掌握
	职业操守	遵纪守法	熟悉	掌握	掌握	掌握	掌握
		诚实守信	熟悉	掌握	掌握	掌握	掌握
		爱岗敬业	熟悉	掌握	掌握	掌握	掌握
职业知识		基础知识	了解	理解	熟悉	掌握	掌握
		业务知识	了解	理解	熟悉	掌握	掌握
职业能力与技能	通用能力	沟通协调	理解	熟悉	掌握	精通	精通
		洞察能力	理解	熟悉	掌握	精通	精通
		战略决策	理解	熟悉	掌握	精通	精通
		变革创新	—	理解	熟悉	掌握	精通
		组织领导	—	理解	熟悉	掌握	精通
		可持续发展	—	理解	熟悉	掌握	精通
	职业技能	需求洞察与产品定位	独立完成	组织	指导	创新	创新
		产品策划与开发	参与	独立	组织	指导	创新
		商业模式与产品销售预警	参与	独立	组织	指导	创新

维度	项目	要素	助理	中级	高级	资深	首席
职业能力与技能	职业技能	产品价格战略	参与	独立	组织	指导	创新
		品牌战略规划	参与	独立	组织	指导	创新
		产品协同战略	了解	参与	独立	组织	指导
		产业转型升级与产品开发战略	—	参与	独立	组织	指导

注："—"代表对该项目不做要求

7. 资质认定

7.1 申报条件

7.1.1 助理产品经理

满足以下条件之一者可申报。

（1）取得相关专业的中等及以上职业院校毕业证书，从事相关职业工作满 2 年。

（2）取得相关专业的专科及以上普通高等学校毕业证书（含在读应届毕业生）。

7.1.2 中级产品经理

满足以下条件之一者可申报。

（1）累计从事相关职业工作满 4 年。

（2）取得相关专业的专科及以上普通高等学校毕业证书，累计从事相关职业工作满 2 年。

（3）取得助理产品经理证书后，累计从事相关职业工作满 2 年。

7.1.3 高级产品经理

满足以下条件之一者可申报。

（1）累计从事相关职业工作满 7 年。

（2）取得相关专业的专科及以上普通高等学校毕业证书，累计从事相关职业工作满 5 年。

（3）取得中级产品经理证书后，累计从事相关职业工作满 3 年。

7.1.4 资深产品经理

满足以下条件之一者可申报。

（1）累计从事相关职业工作满 12 年。

（2）取得相关专业的专科及以上普通高等学校毕业证书，累计从事相关职业工作满 10 年。

（3）取得高级产品经理证书后，累计从事相关职业工作满 5 年。

7.1.5 首席产品经理

满足以下条件之一者可申报。

（1）累计从事相关职业工作满 18 年。

（2）取得相关专业的专科及以上普通高等学校毕业证书，累计从事相关职业工作满 15 年。

（3）取得资深产品经理证书后，累计从事相关职业工作满 5 年。

7.2 认定实施主体

产品经理资质评价与认定工作由中国职业经理人协会组织实施。

7.3 资质证书

申请人通过资质认定后，可获得相应等级的资质证书。

8. 监督管理

（1）高级及以上产品经理资质实行注册制度，注册有效期为 5 年。

（2）高级及以上产品经理资质实行动态管理，注册有效期满，经考评、复查的合格者保留原资质；未通过考评、复查者，取消或降低其相应资质等级。

9. 权重表

9.1 理论知识权重表

项目 \ 技能等级		助理	中级	高级	资深	首席
基本要求	职业道德	5	5	5	5	5
	基础知识	15	10	10	5	5

项目 \ 技能等级		助理	中级	高级	资深	首席
相关知识要求	需求洞察与产品定位	20	20	10	5	—
	产品策划与开发	20	15	10	10	5
	商业模式与产品销售预警	15	15	10	10	10
	产品价格战略	15	10	20	10	15
	品牌战略规划	10	10	20	15	15
	产品协同战略	5	10	15	15	20
	产业转型升级与产品开发战略	—	5	10	20	20
	合计	100	100	100	100	100

9.2 技能要求权重表

项目 \ 技能等级		助理	中级	高级	资深	首席
技能要求	需求洞察与产品定位	25	20	10	5	—
	产品策划与开发	25	20	10	10	5
	商业模式与产品销售预警	20	20	15	10	10
	产品价格战略	15	15	25	15	15
	品牌战略规划	10	10	20	25	20
	产品协同战略	5	10	10	20	25
	产业转型升级与产品开发战略	—	5	10	15	25
	合计	100	100	100	100	100